Tierkinder im Zoo

Tierkinder im Zoo

PROF. DR. HENNING WIESNER

blv

Einführung

Ein altes japanisches Haiku-Gedicht fängt auf ganz besonders sensible Weise mit wenigen schlichten Worten eine Szene ein, wie sie besser als Einstimmung für dieses Buch kaum passen könnte: »Da saß nun der alte Mann und sah seinen jungen Katzen zu.« Wir spüren hier förmlich, wie für den Alten die Zeit stehen geblieben zu sein scheint, so tief ist er in den Anblick seiner Kätzlein versunken. Und es gibt wohl kaum etwas auf der Welt, das unsere Herzen und Sinne so zart und innig zu berühren und zu fesseln vermag wie Tierkinder. Wer könnte sich auch ihrer Schönheit und der unglaublichen Anmut ihrer Bewegungen entziehen? Wenn wir uns an möglichst vielen verschiedenen von ihnen erfreuen wollen, so brauchen wir nur mit ein wenig Muße in das Zauberland des Zoos einzutauchen, um die Faszination des alten Japaners nachempfinden zu können.

Bei einem Zoobesuch mit offenen Augen erschließt sich uns eine Tierwelt in lebendigster Form, wie wir sie nirgendwo anders in einer solchen Dichte und Artenvielfalt beobachten und genießen können. Sei es nun die graue Schar der Steinbockkitze, die auf den riesigen Granitbrocken beim Fangenspielen auf und nieder tanzen, als gäbe es für sie keine Schwerkraft. Oder denken wir an die hohen Prellsprünge, mit denen kleine Mhorrgazellen zur morgendlichen Begrüßung wie in einem Elfenballett gleichzeitig durch die Luft schweben. Auf der großen Freianlage nebenan schauen wir in das enttäuscht-verärgerte Gesicht eines kleinen Tigers, der trotz seines so überaus geschickten Anschleichens und trotz seines so gewaltigen Sprunges den frechen Spatzen doch nicht richtig erwischen konnte und der nun mit seinen Vorderpranken versucht, die wenigen Flaumfedern aus der Luft zu angeln, die das Spätzlein dabei lassen musste. So verspielt und ausgelassen all dieses Treiben auch wirken mag, so steckt doch mehr dahinter als pure Lebensfreude und unbändige Begegnungslust. Auch die tollpatschigen Rangeleien der Jungbären und das freche Anbandeln des Wisentkalbs zum Kopfschieben mit dem Jungbullen entstehen nicht zufällig, sondern sind im Verhaltensrepertoire genetisch fixiert.

So wird hier schon in der Kinderstube Schritt für Schritt ständig trainiert, um den harten Überlebenskampf später überstehen zu können. Bei den sozial in Gruppen lebenden Arten lernt man sich von Kindheit auf kennen und verstehen, schließt Freundschaften oder ist und bleibt sich nicht grün und besiegelt dadurch sein Verhaltensmuster, das zwar individuell gefärbt ist, aber ein Leben lang halten muss. Wenn junge Schimpansenmännchen in die Flegeljahre kommen und den Weibchen in der Gruppe gegenüber zu aufdringlich werden, genügt zumeist ein kurzer Blick des Vaters, um die pubertären Pöbeleien sofort zu unterbinden. Andernfalls setzt es eine gehörige Tracht Prügel. Im Kindergarten der Paviane wird der Schwanz des frechen Draufgängers, der sein jüngeres Geschwisterchen drangsaliert, zur kurzen Hundeleine, mit der die Mutter allzu ruppige Streitereien beendet.

Damit sich alle diese Verhaltensweisen kontinuierlich entwickeln können, ist gerade im Zoo die Umwelt von sehr großer Bedeutung. Uns Tiergärtnern wird ja bekanntlich gerne von selbst ernannten Tierschützern vorgeworfen, in unseren Tiergefängnissen könnten die Tiere gar nicht artgemäß untergebracht werden. Selbstverständlich ist ein zoologischer Garten eine andere Umwelt als die freie Wildbahn. Wenn man aber mit wachen Sinnen die Natur genauer beobachtet, wobei hier schon ein kleiner Garten reicht, wird man sehr bald erkennen, dass der perlende Gesang des Rotkehlchens, der uns bis in die Dunkelheit hinein entzückt, einzig dazu da ist, um den Partner zu informieren und die Reviergrenzen festzuklopfen. Dies gilt für das Revier des Adlers ebenso wie für das des Bengaltigers. Aus beiden werden männliche Nachkommen mit Beginn der Geschlechtsreife vom Vater vertrieben. Wenn bei uns im Tierpark über Nacht reichlich Schnee gefallen ist, zeichnen so unterschiedliche Tierarten wie Gazellen oder Braunbären ihre Wechsel in den Schnee. Dann ist man verblüfft, wie stur diese Wechsel eingehalten werden. Wenn wir jedoch unser eigenes Wegeverhalten einmal genauer unter die Lupe nehmen, sei es auf dem Weg zur Schule oder zur Arbeit, werden wir sehr schnell feststellen, dass wir fast immer dieselbe Wegstrecke wählen, obwohl es uns doch völlig freisteht, auch anders zu laufen.

Als ich vor einigen Jahren auf der Suche nach den letzten Wildkamelen durch die unendliche Weite der Gobi fuhr, fiel uns auf

Einführung

einer sich im Horizont verlierenden Schotterwüste ein schnurgerade ausgetretener Trampelpfad auf. Wir fuhren ihm nach, und überall dort, wo sich mögliche Hinterhalte für ein Wolfsrudel angeboten hätten, machte dieser Trampelpfad einen großen Bogen. Es war der Highway der Kulane, der asiatischen Wildesel. Die Freiheit der Tiere in der Wildnis ist also längst nicht so golden, wie das auf den ersten Blick hin scheinen mag. Bei der Gestaltung eines guten Zoogeheges ist daher die Strukturierung der Oberfläche von großer Bedeutung, damit die Tiere auch die Möglichkeiten haben, ihre Verhaltensmuster ausleben zu können. Hier sind u. a. Sandbäder, Flachwasserzonen, Badebecken und Verstecke gefragt, hinter denen man sich vor den Besuchern zurückziehen, aber auch Artgenossen aus den Augen gehen kann.
In Hellabrunn haben wir dazu erstmals in einem Zoo systematisch das Prinzip der Benjeshecke eingeführt, das nach zwei Brüdern benannt ist, die mit besonders grünem Daumen im Berliner Forst tätig waren. Dazu nimmt man von den Tieren abgenagte Äste, die in jedem Zoo reichlich anfallen. Sie werden zu Häufchen oder Reihen drapiert und dienen dadurch vielen Vögeln als Landeplatz. Diese hinterlassen ihrerseits mit dem Kot den Samen von vielen Pflanzen, die erst durch den Vogelmagen gewandert sein müssen, um keimen zu können. Nach kurzer Zeit stellt sich im 1. Jahr zunächst die Brennnessel ein, häufig gefolgt vom Drüsigen Springkraut. Diese bilden als Vorreiter eine Humusschicht, die dann z. B. Heckenrosen, Holunder oder Heckenkirschen die nötige Lebensgrundlage bietet.
Da die Sträucher durch das Totholz in ihrem Wurzelbereich geschützt bleiben, können sich Hirsche, Kängurus oder Antilopen an den herausragenden Zweigen und Blättern gütlich tun, ohne die Pflanzen bis zum Grund hin zu verbeißen. Damit hat man einen wunderbaren optischen Schutz, und die Tiere sind zusätzlich beschäftigt, um an die schmackhaften Blätter heranzukommen. Zudem bilden diese Buschgruppen ein ideales Biotop für viele bedrohte einheimische Tiere wie Käfer, Insekten, Ringelnatter, Zaunkönig, Igel, Maus, Zwergwiesel & Co. Dieses einfache und billige Prinzip für einen aktiven Naturschutz lässt sich auch daheim im Garten durchführen.

Wenn uns dank guter Haltung, Fütterung, Prophylaxe und Pflege nun reichlicher Tierkindersegen beschert wird, bleibt natürlich die Kritik trotzdem nicht aus. Denn jetzt kommt der Vorwurf, Zoos würden ja nur nachzüchten, um mit Hilfe der Tierkinder Besucher anzulocken. Die Besucherstatistik weiß darauf aber eine emotionslose Antwort: In Wirklichkeit kommt der Besucher nämlich dann wieder, wenn er sieht, dass die Tiere gut gehalten werden und sich auch wohlfühlen. Dafür sprechen die Zahlen der letzten 25 Jahre in Hellabrunn, in denen wir regelmäßig ca. 1,3 Millionen Besucher begrüßen konnten.
Wie für alle Lebewesen gilt auch für das Zootier, dass zum Leben der Tod gehört. Die meisten Zootiere werden wesentlich älter als in freier Wildbahn. Im Rahmen des Europäischen Erhaltungszuchtprogramms (EEP) ist man daher schon vor längerer Zeit dazu übergegangen, die Zuchtkonzepte gegenseitig so abzustimmen, dass keine Inzucht aufkommt und nicht zu viele Tiere nachgezüchtet werden. Die Regulierung der Nachzucht ist allerdings tierärztlich unterschiedlich und birgt manche Probleme in sich. So ist zwar eine Verhütung mit der Pille bei den Menschaffen möglich, führt aber bei Großkatzen zu bösartigen Krebsgeschwülsten. Dann bleibt nur das Einschläfern übrig.
Wenn wir denn ein Tier töten müssen, gehen wir im Tierpark Hellabrunn nach der Vierfach-frei-Methode vor: transportfrei, stressfrei, angstfrei, schmerzfrei. Dazu werden die Tiere zuerst mit einem Blasrohrpfeil ins Reich der Träume geschickt, aus dem sie nicht mehr aufwachen. Ebenso sorgfältig und behutsam gehen wir mit unseren Tieren um, wenn wir sie umsetzen oder in einen anderen Zoo transportieren müssen. Dann erhalten sie nämlich ebenfalls schmerzlos per Blasrohr eine Wurschtigkeitsspritze, deren Wirkung 2–7 Tage lang anhält. Damit gewöhnen sich die Tiere problemlos in die neue Umgebung ein.
Doch nun wünsche ich Ihnen von Herzen sehr viel Spaß bei einem kleinen Streifzug durch die Wunderwelt der Zootierkinder.

Professor Henning Wiesner
Münchner Tierpark Hellabrunn
Juni 2008

Rotes Riesenkänguru

Mit etwa 185 Tagen verlässt das junge Känguru erstmals den mütterlichen Beutel, schlüpft aber innerhalb der nächsten 1 ½ Monate immer wieder hinein. Erst mit 1 Jahr ist es völlig selbstständig.

Wer die Trockengebiete Australiens als Heimat auserkoren hat, muss zur Aufzucht seiner Jungen eine besonders effektive Überlebensstrategie entwickeln. So werden Rote Riesenkängurus nach einer Tragzeit von nur 33 Tagen in einem frühembryonalen Stadium geboren. Ein solcher Winzling misst gerade einmal knapp 1 cm und wiegt 0,8 g. Aus eigener Kraft muss er auf einer Schleimspur, welche die Mutter leckt, in den Beutel klettern. Um diesen für sie so langen Weg zu bewältigen, müssen die Neugeborenen nicht nur eine relativ kräftige Muskulatur, sondern auch ein festes Skelettgerüst besitzen. Deswegen ist zwischen dem Schultergürtel und dem Brustbein eine flache Knorpelplatte gespannt. Dieses urtümliche Stützelement findet sich sonst nur bei Reptilien und eierlegenden Beuteltieren wie dem Schnabeltier. Knorpelplatte und Muskulatur bilden sich kurz nach der Geburt wieder zurück. Man hat lange gerätselt, wie denn der Winzling den richtigen Weg findet, wenn er sich mit seinen kräftigen Vorderfüßen, die in scharfen Krallen auslaufen, nach vorne zieht. Und wo ist für ihn vorne? Da ist zum einen der Tastsinn bereits sehr gut ausgeprägt, doch allein kann dieser die Richtung nicht vorgeben. Des Rätsels Lösung fand sich erst, als man eine Kängurumutter während der Geburt in Narkose legte und auf den Kopf stellte. Und siehe da, unser Winzling machte problemlos die 180-Grad-Drehung mit und bewies dadurch, dass er entgegen der Schwerkraft wandert. Im Beutel angekommen, sucht sich dieses knappe Gramm von Leben mithilfe des schon gut entwickelten Geruchssinnes eine der 4 Zitzen, deren Spitze druckknopfartig anschwillt. Die Haut der tief gespaltenen Mundränder umwächst dann tütenförmig die Zitze, sodass zwischen dem Embryo und der Mutter eine enge Verbindung entsteht, die ohne eine Verletzung nicht getrennt werden kann. Mithilfe eines speziellen Zitzenmuskels wird dann dem Embryo eine sehr eiweißreiche Milch aktiv injiziert. Um ein Fehlschlucken in die Lunge zu vermeiden, bildet der Kehldeckel eine röhrenförmige Verlängerung, sodass Atem- und Speisewege völlig voneinander getrennt sind und die Milch hinter dem Gaumen direkt in den Magen gelangt. Später, wenn das Jungtier selbstständig trinken kann, löst sich diese Verbindung wieder auf. Auch die behelfsmäßige Milchpipeline wird später zurückgebildet. Solche eng ineinandergreifende Umformungsprozesse sind ein faszinierendes Beispiel für die pulsierende Urkraft des Lebens, das hier über verschiedene Zwischenstufen ein neues Individuum formt.

Ob die Luft auch rein ist? Vorsichtig sichernd, riskiert ein Kängurujunges einen Blick aus dem mütterlichen Beutel.

Koala

Eng aneinandergeschmiegt ruhen Koalamama und -baby in der Astgabel eines Eukalyptusbaumes. Sie riechen wie Hustenbonbons nach Eukalyptusöl.

Nach einer Trächtigkeitsdauer von 35 Tagen wird ein Koalababy mit ca. 0,5 g im frühembryonalen Stadium geboren und sogleich aktiv von der Mutter in den Beutel befördert. Wenn im Gegensatz zu den Kängurus der mütterliche Beutel der Koalas nach hinten geöffnet ist, so hat dies eine besondere Bedeutung: Im Alter von ca. 5–6 Wochen wird das Jungtier allmählich von Milchnahrung auf einen gelbgrünlichen Schleim umgestellt, der aus dem bis zu 2,5 m langen Blinddarm des Weibchens stammt. Dazu steckt das Jungtier nur die Vorderpfoten und das Köpfchen aus dem Beutel, um das aus dem After heraustretende Sekret aufzulecken. Hierbei handelt es sich freilich nicht um Kot, sondern um einen fein zerkauten und vorverdauten Brei aus Eukalyptusblättern, der wichtige Nahrungsstoffe wie Fettsäuren und Vitamine enthält.

Am Geruch und Geschmack des Breis lernt das Jungtier gleich von Anfang an die richtigen 20 Eukalyptusarten kennen. Denn von den ca. 350 Arten in Australien enthalten viele, vor allem in den Jungtrieben, die tödliche Blausäure. Zugleich werden dabei einzellige Organismen, sog. Infusorien, wie bei einer Schluckimpfung mit übertragen, die für die Zelluloseverdauung wichtig sind.

Kurzohr-rüsselspringer

Kurzohrrüsselspringer sind nachtaktive quirlige Geisterchen der trockenen Graslandschaften Afrikas. Nach einer Tragzeit von 56 Tagen kommen 1–2 Junge zur Welt, die 6–8 g auf die Waage bringen. Die Jungtierperiode währt nur kurze Zeit, denn mit rund 45 Tagen sind sie bereits geschlechtsreif und sorgen für eigenen Nachwuchs. Schon bei den Jungtieren ist die Rüsselnase ständig in Bewegung. Umrahmt wird sie von einem Strahlenkranz feinster Tasthaare (Vibrissen), deren Wurzelbälge von speziellen Tastkörperchen umgeben sind. Sie dienen auf der Nahrungssuche in der Dunkelheit als äußerst empfindliche Sensor-Antennen, die den vorzüglichen Geruchssinn unterstützen. Beobachtungen in der Namib-Wüste sprechen dafür, dass die Männchen bei der Aufzucht der Jungen den Weibchen helfen, indem sie in ihren Backentaschen kleine Beutetiere sammeln und herbeitragen. Die Reviere werden mit einer kleinen Duftdrüse unterhalb des Schwanzansatzes markiert.

Erschöpft nach wilden Verfolgungsspielen, ruht sich ein junger Kurzohrrüsselspringer getrennt von seinem Geschwisterchen unter einem Wärmestrahler aus. Zwar spielt man gern zusammen, soziales Kuscheln ist aber nicht gefragt.

Katta

Die Paarungssaison der Kattas ist im Mai, und da die Weibchen eines Clans nur innerhalb eines kurzen Zeitraumes fortpflanzungsfähig sind, bringen sie nach einer Tragzeit von ca. 135 Tagen ihre Jungen fast zur gleichen Zeit zur Welt. Diese wiegen zwischen 50 und 80 g, wobei Zwillingsgeburten in Zoos gar nicht so selten sind. Die Babys werden während der ersten 2 Wochen nicht wie bei den anderen Halbaffen quer am Bauch, sondern auf dem Rücken getragen. Bereits in der 3. Lebenswoche unternehmen sie erste Kletterversuche. Die Säugezeit dauert etwa 5 Monate. Zum Säugen setzt sich das Kattaweibchen in Bruststellung hin und bietet dem Jungtier die paarig angelegten Milchdrüsen. Kattababys kommen mit leuchtend blauen Augen auf die Welt, und erst später färbt sich die Regenbogenhaut (Iris) leuchtend gelb um. Der enge Familienzusammenhalt führt zu einer Art Kindergartenbildung, wobei die Weibchen sich ebenso wie die Mutter intensiv auch um die anderen Babys kümmern. Fällt eine Kattamama einem Greifvogel oder einem Raubtier zum Opfer, wird das überlebende Junge von der Familie adoptiert und problemlos mit aufgezogen. Mit etwa 1 ½ Jahren werden junge Kattaweibchen geschlechtsreif, während die Männchen noch etwa 1 Jahr länger warten müssen, bis sie sich körperlich gegenüber anderen rivalisierenden Männchen durchsetzen können. Der auffällige schwarzweiße Ringelschwanz hat mehrere Funktionen. So wird er beispielsweise zum Schlafen um die Arme und Beine gewickelt und dann wie ein Schal über den Rücken gelegt.
Beide Geschlechter haben an den Unterarmen Duftdrüsen, bei den Männchen kommen an den Oberarmen zusätzliche Drüsen hinzu. Weitere Duftdrüsen finden sich ringförmig um den After und werden zur Reviermarkierung benutzt, indem das Tier gleichsam einen Handstand macht und die Analregion intensiv an Baumstämmen und Zweigen reibt. In Hockstellung zieht der Katta seinen Ringelschwanz durch diese Duftfelder und kann dann wie mit einem Parfümwedel das optische Signal des Schwanzes noch durch die Duftstoffe verstärken. Dies vermeidet im Falle von Familienkrach unnötige Beißereien, da man aufgrund dieses auffallenden Imponiergehabes schon von Weitem die Rangordnung des einzelnen Tieres erkennen kann.
Einen besonders schönen Anblick bietet eine Kattafamilie, wenn sie die wärmenden Strahlen der ersten Frühlingssonne genießt. Dann sitzen sie wie die Orgelpfeifen in Hockstellung auf der Freianlage, mit ausgebreiteten Armen, als wollten sie mit ihrem weißen Bauchpelz jedes einzelne Sonnenstrählchen einfangen.

OBEN: Mit hoch aufgestelltem Ringelschwanz, der zusätzlich wie ein Parfümwedel Duftstoffe verbreitet, schickt eine Kattamutter soziale Nachrichten an die Großfamilie.

LINKS: Die spitze Schnauze und die bernsteingelben Augen haben Kattas den Spitznamen Fuchsgesicht eingebracht.

Totenkopfäffchen

Mit ihren langen Hinterbeinen verfügen Totenkopfäffchen über ein enormes Sprungvermögen, wobei der lang ausgestreckte Schwanz wie der Stab eines Hochseilartisten den Sprung aussteuert.

Totenkopfäffchen verdanken ihren Namen der eigenartigen Gesichtszeichnung, da die weiße Umrahmung der dunklen Augen entfernt an einen Totenschädel erinnert. Sie gehören zu den Kapuzinerartigen und schließen sich zu größeren Sozialgruppen von 10–35 Tieren zusammen. Manchmal umfassen diese sogar über 300 Individuen. In ihrer südamerikanischen Heimat leben Totenkopfäffchen in verschiedenen Waldgebieten und durchstreifen auf der Suche nach Früchten und Insekten die mittlere Waldschicht. Hierbei klettern und springen sie im dichten Geäst so schnell und geschickt, dass sie Vögel und Insekten im Flug erbeuten.

Nach einer Tragzeit von 152–172 Tagen wird ein Jungtier mit einem Gewicht von 72–144 g geboren, das bereits wie eine Miniaturausgabe des erwachsenen Tieres aussieht. In einem Zeitraum von 5–10 Monaten entwöhnen sich die Jungen von der Mutter und werden mit 3–5 Jahren geschlechtsreif. Zum Schlafen kuscheln sich die Tiere gerne eng zusammen, wobei sie ihren nicht greiffähigen Schwanz spiralig um den Körper wickeln. Zum Imponieren richten sich die Männchen auf und zeigen ihre Geschlechtsteile. Bei ernsthaften Auseinandersetzungen sind meistens die Hoden Ziel des Beißangriffs und werden mit den spitzen Eckzähnen zerfetzt.

Mantelpavian

Um den engen Kontakt zwischen den Haremsmitgliedern immer aufrechtzuerhalten, wacht der Pascha mit Argusaugen über seine Weibchen.

Mantelpaviane sind in den afrikanischen Halbwüsten, Steppen und Felsengebieten beheimatet und leben dort überwiegend am Boden, der auf der Suche nach Gräsern, Früchten, Insekten und kleinen Wirbeltieren immer genau inspiziert wird. Die silberhaarigen Paschas mit ihrer eindrucksvollen Kopf- und Schultermähne bilden Ein-Mann-Haremsgruppen, die sich je nach Reviergröße in großen Banden von ca. 60 Tieren zusammenschließen. Zum Schutz vor ihrem ärgsten Feind, dem Leoparden, übernachten sie gerne in steilen Felswänden. Wenn die morgendliche Futtersuche beginnt, wird zunächst von den älteren Tieren Kriegsrat gehalten, welche Marschrichtung eingeschlagen wird.
An der Grenze zwischen Südafrika und Botswana konnte vor einigen Jahren eine äußerst interessante Beobachtung gemacht werden: Der Grenzfluss zwischen den beiden Ländern ist der riesige Limpopo, der in der Trockenzeit bis auf wenige Gumpen und Wasserlöcher austrocknet. Aus militärischen Gründen war

LINKS: Ein energischer Zug am Schwanz durch die Mama, wie an einer Hundeleine, unterbindet den Beißangriff aufs Ohr des Brüderchens.

RECHTS: Bis er einmal so eine Prachtmähne wie der Papa bekommt, muss der junge Pavian sich noch 5 Jahre gedulden. Kuscheln lässt der Papa nur die eigenen Kinder.

zwischen den beiden Ländern am Fluss entlang ein mehrlagiger Stacheldrahtzaun in einer Doppelreihe gezogen worden, in deren Mitte ein Hochspannungselektrozaun als tödlicher Grill gespannt war. Um Strom zu sparen, wurde dieser Zaun tagsüber zu unbestimmten Zeit aus- und eingeschaltet, sodass man nie wissen konnte, ob der Zaun gerade unter Hochspannung stand oder nicht. Für eine Pavianbande, die auf der südafrikanischen Seite des Flusses in einer Steilklippe schon lange vor Errichtung des Zaunes ihr Quartier bezogen hatte, war dieser nun ein tödliches Hindernis auf dem Weg zum Wasser. Eines Tages wurde nun diese Bande beobachtet, wie sie aufgeregt schnatternd vor diesem Todesstreifen saß. Plötzlich löste sich aus einer der Haremsgruppen ein Weibchen und warf ihr Baby mitten in den E-Zaun. Da dieser zum Glück gerade abgeschaltet war, sahen die anderen an dem unversehrten, aber quäkenden Jungtier, dass keine Gefahr bestand, und überkletterten in Blitzeseile das tödliche Hindernis, um sich satt zu trinken.

Wie und durch wen diese Entscheidung zum möglichen Opfern des Kindes gefallen sein mag, wissen wir nicht. Es zeigt aber eindeutig, dass man die Intelligenz dieser »niederen Affen« bislang bei Weitem unterschätzt hat.

Schon bald finden sich die Jungtiere mehrerer Haremsfamilien zum Spielen und zur gegenseitigen Fellpflege zusammen.

Lisztäffchen

Die reinweiße lange Haarmähne, die auf der Stirn spitz zuläuft, erinnert an die Frisur des berühmten Komponisten, und ihm verdankt dieser kleine Waldgeist auch seinen Namen. Die spitzen Eckzähne setzen Krallenaffen häufig ein, um die Rinde verschiedener Baumarten aufzumeißeln, die dann ein süßes Harz liefern, das gerne aufgeleckt wird. Im Zoo ersetzt man diese Futterspezialität durch gesüßtes Gummi arabicum, den eingetrockneten Saft arabischer Akazienarten. Auf der Speisekarte stehen Spinnen, Insekten, Früchte, Harze, Blütenblätter, Nektar, kleine Eidechsen, Eier, Jungvögel und Baumfrösche. Die giftigen Baumsteigerfrösche werden gemieden.

Beim Lisztäffchen sind Zwillingsgeburten relativ häufig, wobei die älteren Geschwister und auch das Männchen abwechselnd das Tragen der Jungtiere übernehmen, um dadurch die Mutter zu entlasten. Zudem mindert sich so das Risiko, wenn die Mutter einer kleinen Raubkatze oder einem Greifvogel zum Opfer fällt. Die Jungtiere entwöhnen sich mit 2–3 Monaten und werden mit 16–20 Monaten geschlechtsreif. Wie alle Tamarine brauchen diese kleinen Äffchen ausreichenden Bewegungsraum mit natürlicher Bepflanzung, damit sie sich richtig wohlfühlen. Bei guter Haltung werden sie im Zoo über 10 Jahre alt. Rivalisierende Männchen zeigen das »Trietzen«, wobei sie starren Blicks aufeinander zustelzen, bis der Unterlegene die Spannung nicht mehr aushält und Reißaus nimmt.

Bei den Krallenäffchen tragen abwechselnd die Eltern sowie die älteren Geschwister die Babys huckepack.

Orang-Utan

Von allen großen Menschenaffen besitzen Orang-Utan-Babys mit 1–1,5 kg das geringste Geburtsgewicht und sind entsprechend empfindlich. Der Klammerreflex ist schon beim ersten Atemzug so stark ausgeprägt, dass man nur mit Mühe die Zehen und die Finger aus dem Fell der Mutter lösen kann, wenn man z. B. wegen Milchmangels der Mutter das Baby abnehmen und von Hand aufziehen muss. Früher waren Handaufzuchten in Zoos relativ häufig, und auch die beiden weltberühmten Hellabrunner Zwillinge »Hella« und »Bruno« aus dem Jahre 1969 mussten mit dem Fläschchen aufgezogen werden. Dies ist eine mühsame Geschichte, denn die Trinkmengen betragen pro Mahlzeit immer nur wenige Milliliter, die rund um die Uhr angeboten werden müssen. Zudem sind Orang-Babys extrem anfällig für alle Kinderkrankheiten, die leicht durch das Personal übertragen werden. Daher ist peinlichste Hygiene angesagt, und 3-mal am Tag tritt das Fieberthermometer in Aktion, um mögliche Infektionen sofort erkennen und behandeln zu können. Äußerst skeptisch sind die Kleinen – wohl dank ihres hervorragend ausgeprägten Geruchs- und Geschmackssinns – gegen jede Form von Medizin, die sie standhaft verweigern. Da wird ein Löffelchen Vitaminsaft, das

Auf Borneo und Sumatra müssen die Urwälder Palmöl-Plantagen weichen, wodurch die letzten Orang-Utans ihre Lebensräume verlieren. Der Münchner Tierpark Hellabrunn unterstützt eine Auffangstation der Zoologischen Gesellschaft Frankfurt auf Sumatra zur Aufzucht verwaister Orang-Utan-Babys.

für uns bestens nach Orange schmeckt, lange im Mund hin und her geschoben. Dann wird der verdächtige Saft nochmals auf der lang vorgeschobenen Unterlippe einer genauen Betrachtung unterzogen und schließlich angewidert ausgespuckt. Der deutliche Ekel wird optisch in Form einer Gänsehaut untermalt, welche die Oberarme und den Nackenbereich in Windeseile überzieht. Dieses Warn- und Alarmsignal behält ein Orang-Utan lebenslang bei.

Übrigens haben alle Orang-Utan-Babys, die in Hellabrunn mit der Flasche aufgezogen werden mussten, einen Partner gefunden und ihre eigenen Babys selber großgezogen. Das Stillen ist ihnen offenbar angeboren und muss nicht erst bei den Artgenossen durch Zuschauen erlernt werden. Während des 1. Lebensjahres hängt das Orang-Baby wie eine Klette an der Mama und wagt sich kaum von ihr weg. Vom 4. Lebensmonat an kostet es die Nahrung von den Lippen der Mutter und lernt auf diesem Weg durch Geruchs- und Geschmacksproben, welche der unzähligen Urwaldfrüchte und -samen als Nahrung infrage kommen. Diese frühe Prägung ist insofern sehr wichtig, als im Urwald die fruchttragenden Bäume oft weit voneinander entfernt stehen und viele Früchte giftig oder ungenießbar sind.

Junge Orang-Utans tragen in den ersten Lebensjahren ein leuchtend orangerotes Fell, der Mundbereich ist nur wenig pigmentiert und wirkt hellrosafarben. Die großen braunen Kinderaugen werden wie von einer hellen Brille umfasst. Das ermöglicht eine sehr ausdrucksvolle Mimik, die von älteren Artgenossen rücksichtsvoll registriert wird. Mit etwa 3 Jahren sind die Jungtiere entwöhnt, werden aber erst vom 7.–10. Lebensjahr an geschlechtsreif.

Einen Intelligenzvergleich mit den anderen großen Menschenaffen brauchen Orang-Utans wahrlich nicht zu scheuen; sie sind ihnen im Werkzeuggebrauch und im Basteln z. T. überlegen. So ist es für einen erwachsenen Orang kein Problem, eine satt angezogene Imbusschraube, die einen Futterbehälter sichert, mit dem Daumennagel herauszuschrauben.

OBEN LINKS UND RECHTS: Schon früh lernt ein Orang-Utan-Baby durch intensiven Lippenkontakt mit der Mutter essbare Pflanzen und deren Früchte von giftigen zu unterscheiden. Nur selten verlassen sie die Nähe der Mutter.

RECHTS: Während des 1. Lebensjahres krallen sich die Jungtiere möglichst mit allen vieren ins strähnige Zottelfell der Mutter.

Schimpanse

Schimpansenkinder haben von allen 3 großen Menschenaffenarten die hellste Gesichtsmaske. Die hellen abstehenden Ohren, die den rundlichen Kopf besonders kindlich erscheinen lassen, färben sich erst mit Erreichen der Geschlechtsreife im Alter von 8–10 Jahren allmählich dunkel um.

Bei der Geburt wiegen Schimpansenbabys knapp 2 kg und sind bis auf das Köpfchen nur sehr spärlich behaart. Dass sie während der ersten Lebensmonate von der Mutter sorgsam in Bauch-zu-Bauch-Kontakt gehalten werden, begünstigt den Wärmefluss zwischen Mutter und Kind. Während der ganzen Kindheit, die etwa 7 Jahre dauert, werden die Jungen nicht nur von der Mutter, sondern von allen Familienmitgliedern äußert fürsorglich betreut und umhegt. Besonders faszinierend ist die früh ausgeprägte Mimik, und alle uns eigenen, menschlichen Gefühle wie Freude, Trauer, Neugier, Furcht oder Wut lassen sich in den kleinen Gesichtern wunderbar ablesen.

Mit dem 4. Lebensjahr lernen die Schimpansenbuben die Drohgebärden und Gesten, die ihnen der Herr Papa als Macho vorspielt. Da werden Stöcke und Steine durch die Gegend geschleudert, die Schultern hochgezogen, der Kopf rückt nach vorne, die Arme werden angewinkelt und die Haare so gesträubt, dass das kleine Kerlchen fast doppelt so groß erscheint. Innerhalb der Familie verlaufen derartige rituelle Machospiele in der Regel ohne Einsatz der scharfen Eckzähne.

OBEN: Huckepackreiten lieben junge Schimpansen über alles. Zuerst werden die Babys von den Müttern am Bauch getragen, ab dem 5. Lebensmonat reiten sie auf dem Rücken.

RECHTS: Schimpansen verfügen über eine sehr facettenreiche Mimik, und Freude wird durch richtiges Lachen zum Ausdruck gebracht. Kein anderer Menschenaffe kann so menschlich lachen wie der Schimpanse.

LINKS: Schimpansenkinder lernen von den Eltern schon früh den Werkzeuggebrauch. Dünne Stöckchen werden gerne dazu eingesetzt, um Termiten aus deren Bau zu angeln. Im Zoo simulieren wir dies mit Stocherkisten.

Gorilla

OBEN: Dem wachen Auge der Gorillakinder entgeht nichts, wenn auf der Wiese Insektenfang angesagt ist (Flachlandgorilla).

RECHTS OBEN: Eine führende Mama steht in der sozialen Rangordnung der Familie ganz oben direkt unter dem Silberrücken. Sie bestimmt auch, wer das Baby anfassen darf (Flachlandgorilla).

RECHTS UNTEN: Nach dem Ende der Schoßzeit mit ca. 5–7 Monaten darf auch der Papa das Baby tragen (Flachlandgorilla).

Im Gegensatz zu Orang-Utans und Schimpansen weisen die Hand- und Fußinnenflächen von Gorillababys eine unvollständige Pigmentierung auf. Dadurch entstehen individuelle Streifen- und Schlierenmuster, die erst später durch die Nachbildung des dunklen Pigmentes verschwinden. Welche Bedeutung diese vorübergehende Färbung hat, ist unbekannt. Auffallenderweise beschäftigt sich aber die Mutter sehr intensiv damit, indem sie die fest im Fell verkrallten kleinen Zehen und Finger immer wieder öffnet und genau untersucht. Bei Schimpansen sind dagegen Hand- und Fußflächen rein rosa gefärbt und werden auch immer wieder untersucht.
Dieser Vorgang fällt in die sog. Schoßzeit, in der die Babys von den Müttern eng am Bauch getragen werden. Möglicherweise dient diese Untersuchung dem Training und Muskelaufbau von Händen und Füßen, die ja für den so wichtigen Klammerreflex lebensnotwendig sind. Sonderlich beliebt ist dieses Training bei den Babys allerdings nicht. Sie schätzen diese mütterliche Gymnastik gar nicht und setzen sich mit heftigem Strampeln und wimmernden Unmutslauten dagegen zur Wehr. Wenn das Baby in den folgenden Wochen dann aktiver wird, beginnen neue Turnübungen auf den ausgestreckten Armen und Beinen der Mutter. Häufig setzen diese dann ihr Baby mit dem Kopf nach hinten gerichtet auf ihren Nacken, sodass dieses dann ständig neuen Positionen ausgesetzt wird. Auf diese Weise lernt

es während der Schoßzeit sowohl den mütterlichen Körper als auch den eigenen im wahrsten Sinn des Wortes zu begreifen. Der nächste Schritt, sich die Umwelt und vor allem auch Gegenstände zu erschließen, geht über den Mund: Wurde dieser zuvor ausschließlich zum Säugen eingesetzt, folgt jetzt die Zeit des Daumenlutschens, in die zuerst vornehmlich die eigenen Zehen und Finger und sodann auch die der Mutter ausführlich einbezogen werden. Immer mehr kommt es dadurch zu zielgerichteten Bewegungen, die gleichzeitig von den Augen intensiv begleitet werden. Die Frau Mama kommt diesem instinktiven Bedürfnis dadurch entgegen, dass sie ihrerseits die Zehen und Finger des Babys in den Mund nimmt und sich daraus ein gegenseitiges Mund-Finger-Spiel entwickelt.

Sobald das Baby auf der Mutter sicher klettern kann, ändert es seine Position ganz von selbst im Sinne der Huckepackhaltung auf dem Rücken der Mutter, mit Blick nach vorne. Das Fell ist nun so weit gewachsen, dass Rücken, Beine und Arme dicht bedeckt und vor einer möglichen Unterkühlung geschützt sind.

Ein für die Gorillas ganz typisches Spielverhalten ist das sogenannte Fußreiten. Dazu legt sich die Mutter auf den Rücken und setzt das Baby schon im Alter von wenigen Tagen auf ihre Fußsohlen, mit denen sie wippende Schaukelbewegungen durchführt. Dann strahlen die Äuglein aus einem wonnevollen Spielgesicht.

Gorillakinder sind im 1. Lebensjahr recht ängstlich und suchen sofort den mütterlichen Schutz, wenn ihnen etwas nicht ganz geheuer ist (Flachlandgorilla).

Großer Ameisenbär

Bis zum Alter von 1 Jahr wird der junge Ameisenbär auf dem Rücken der Mutter im Huckepackverfahren im schaukelnden Passgang getragen. Dabei gehen die breiten schwarzen Seitenstreifen, die weiß umsäumt sind, so ineinander über, dass das Jungtier perfekt getarnt ist.

Mit dem Ameisenbären aus den südamerikanischen Pampas haben wir eine entwicklungsgeschichtlich gesehen sehr alte Tierform vor uns. Seine Nahrung besteht aus Würmern, Beeren und Früchten, zum weitaus größten Teil aber aus Ameisen und Termiten, von denen er am Tag bis zu 30 000 verputzen kann. Mit seinen starken Krallen gräbt er die steinharten Termitenbauten auf, und an der langen wurmförmigen Zunge, die von sehr großen Speicheldrüsen befeuchtet wird, beißen sich die Insekten fest oder bleiben kleben. Da Ameisenbären keine Zähne haben, werden die Insekten unzerkaut abgeschluckt. Als Ersatzdiät im Zoo rührt man aus gemahlenem Rinderherz, Haferflocken, Hundefertigfutter, Eiern, Garnelenschrot, Mineralstoffen, Vitaminen und Maulwurfserde als Ballaststoff einen Brei an.
Nach einer Tragzeit von 190 Tagen kommt stets nur 1 Jungtier auf die Welt, mit einem Geburtsgewicht von ca. 1700 g, das die Mutter bis zu 1 Jahr auf dem Rücken trägt.

Wasserschwein

»Herr des Grases« nennen die Guarani-Indios das Capybara oder Wasserschwein, das im östlichen Südamerika beheimatet ist. Es ist das größte Nagetier der Welt und kann im Zoo ca. 12 Jahre alt werden.

Wenn in der Abenddämmerung eine Wasserschweinmama einen See durchquert, glaubt man zuerst ein vielbuckliges Fabelwesen vor sich zu haben. Die 5–7 Jungtiere folgen ihr nämlich wie Perlen aufgereiht im gleichen Abstand hintereinander. Dabei sind Nasenöffnungen, Augen und Ohren in einer Linie knapp über der Wasseroberfläche, sodass sie jederzeit rundum sichern können. Nach einer Tragzeit von ca. 120–150 Tagen werden die Babys mit einem Geburtsgewicht von 900–1500 g geboren. Es sind typische Nestflüchter, die bereits das strähnig borstige Haar wie die Erwachsenen tragen und mit kleinen Schwimmhäuten zwischen den Zehen ideal an das nasse Element angepasst sind. Bei Gefahr tauchen sie minutenlang unter und können weite Strecken unter Wasser zurücklegen. Neben Wasserpflanzen fressen sie hauptsächlich Gräser, die schon in der 1. Lebenswoche aufgenommen werden können. Zur gemeinsamen Aufzucht der Jungtiere schließen sich häufig mehrere Weibchen zusammen.

Alpenmurmeltier

Wenn man als »Aff«, wie junge Murmeltiere in der einheimischen Jägersprache genannt werden, mit etwa 40 Tagen zum ersten Mal die Nase aus dem Familienbau herausstreckt, muss man verdammt auf der Hut sein und die Ohren spitzen, wenn man überleben will. Ein lang gezogener Pfiff der Alten warnt vor dem Adler, der gerne aus der Sonne heraus angreift, um möglichst unsichtbar zu bleiben. Eine Serie von kurz hintereinander abgegebenen Pfiffen warnt dagegen vor dem Fuchs und vor menschlichen Störenfrieden.
Den Namen »Affen« tragen die Jungtiere insofern zu Recht, als sie überaus spielerisch veranlagt sind und sich wilde Verfolgungsjagden mit Rangeleien und Purzelbäumen liefern. Doch auch dabei gilt es, vorsichtig zu sein, denn auf diese Altersklasse hat es der Kolkrabe ebenso abgesehen wie der Stein- oder Baummarder, wenn sich die Mutter zu weit vom Bau entfernt hat.
Bei einer Wurfzahl von bis zu 7 Tieren kommen Murmele nach einer Tragzeit von 33–34 Tagen mit etwa 29 g auf die Welt und öffnen die Augen mit ca. 23 Tagen. Die Nagezähne brechen mit 26 Tagen durch, und nach einer Säugezeit von etwa 40 Tagen sind die Jungtiere selbstständig. Von Ende Oktober bis Anfang März halten Murmeltiere ihren Winterschlaf.

Sanftes Nasestupsen und Beschnüffeln ist wichtig für die sozialen Bindungen in der Familie.

Pampashase

Auf den ersten Blick sieht man es dem Pampashasen, auch Großer Mara genannt, gar nicht an, dass er eigentlich zur Familie der Meerschweinchenverwandten gehört. Mit ihren langen Läufen kommen die Tiere ein wenig gestelzt daher, fallen gern in einen hoppelnden Passgang und vermögen aus dem schnellsten Lauf heraus exzellente Haken zu schlagen. Beheimatet sind sie in den argentinischen Halbsteppen, den Pampas.
Die Paare leben vermutlich lebenslang zusammen. Zur Aufzucht der 1–7 Jungen versammeln sie sich manchmal in losen Kolonien, und mehrere Weibchen graben die Baue zur gemeinsamen Nutzung. Zur Futtersuche streifen die Eltern relativ weit umher, und wenn eines der Weibchen zum Bau kommt und seine Jungen säugen will, kommen auf ihre Kontaktlaute hin alle Jungtiere aus dem Erdloch gestürmt. Die Mutter erlaubt aber nur das Säugen ihrer eigenen Jungen. Während des Saugaktes lässt das Männchen keine anderen Paare an die Höhle heran. Offenbar bewirkt diese gemeinschaftliche Haltung der Jungen einen gewissen Schutz, da die Weibchen zu verschiedenen Zeiten vorbeikommen und der Bau so ständig kontrolliert wird. Während die weiblichen Jungtiere bereits mit 2 Jahren geschlechtsreif sind, werden es die Männchen erst mit etwa 6 Jahren.
In Zoos können sich Krähen auf die Jagd von jungen Pampashasen spezialisieren, wobei sie diese sogar aus den Erdhöhlen herausziehen. Durch das Anlegen von Altholzhaufen (Benjeshecken) lassen sich die Jungen aber gut schützen.

Während die Pampashäsin in hundesitziger Stellung die Jungen säugt, sichert sie sorgfältig nach oben gegen Krähenangriffe.

Präriehund

Cowboys sind ja bekanntlich Kerle, die besonders hart im Nehmen sind und vor keiner Rothaut mehr Angst haben. Ungeheuren Respekt aber hat ein jeder Cowboy, wenn er bei der Verfolgungsjagd eines Rindes in eine Präriehundkolonie hineingaloppiert. Die vielen Öffnungen der Bauten können nämlich schnell zu tödlichen Stolperfallen werden.

Bevor der weiße Mann Nordamerika eroberte, besiedelten ca. 100 Millionen dieser Tiere eine Fläche von etwa 70 000 km², also ein Gebiet, das der Größe Bayerns entspricht. Wie immer und überall, wo sich der Mensch breitmachte, musste die Natur weichen. Als Nahrungskonkurrenten der Nutztiere wurden sie massenhaft vergiftet. Da ihr Lebensraum auch heute noch weiterhin zerstört wird, gelten die Unterarten aus Mexiko und aus Utah als gefährdet bzw. bedroht.

Dabei hatten sich diese Präriespezialisten bestens auf die extremen Witterungsverhältnisse ihres Lebensraumes eingerichtet. Durch das Anlegen von ca. 15 cm breiten Gängen, die 3–5 m in die Tiefe gehen und damit frostfrei sind, können sie als Winterschläfer die harten Präriewinter überleben. Beim Buddeln der Gräben wird die Erde zunächst mit den Vorderfüßen gelockert und dann in Richtung Hinterfüße ge-

Bevor die Mutter ihr Jungtier zum Futterplatz führt, wird ausgiebig nach oben gesichert, ob nicht ein Habicht in der Nähe ist.

OBEN: Präriehunde sind Nahrungsspezialisten, deren hochkronige, stark gefaltete Backenzähne die besten Voraussetzungen mitbringen, die kieselsäurehaltigen harten Steppengräser zu zermahlen.

RECHTS: Ein Küsschen zu Ehren der Mama dient dem Sozialkontakt innerhalb des Familienverbandes.

scharrt, welche diese dann an die Erdoberfläche befördern. Wie unsere Murmeltiere polstern Präriehunde ihre Wohnkammern mit Laub und Gras sorgfältig aus. Rings um die Ausgangsöffnung türmt der Präriehund einen Ringwall auf, dessen Erde er mit der Stirnplatte festdrückt. Dieser Ringwall um den Bau bietet nicht nur einen Schutz vor Überschwemmungen nach heftigen Regengüssen, er hat zudem noch eine wichtige Kaminfunktion: Wenn der Steppenwind laminar, d. h. unverwirbelt über den Krater streicht, verdichtet er sich am Kraterrand und wird dadurch an dieser Stelle schneller. Somit entsteht ein Sog, der wie ein großer Kamin die verbrauchte Luft aus den Kammern und Gängen des unterirdischen Höhlensystems nach oben zieht, sodass Frischluft nachfließen kann. Unsere Maulwürfe machen sich mit ihren bekannten Hügeln diese Sogwirkung zur Belüftung ihrer Gänge ebenfalls zunutze, und auch die hohen Termitentürme erfüllen denselben Effekt.

Kurz unterhalb der Bauöffnung werden zusätzlich 1 oder zwei 2 Seitengänge angelegt, in die man bei Gefahr schlüpfen kann. Ist die Luft wieder rein, wird zuerst vorsichtig nur der Kopf aus dem Bau gesteckt, und die flinken Äuglein, aber auch Nase und Ohren sind in Alarmbereitschaft. Wenn wirklich keine Gefahr mehr droht, hüpfen zuerst die Männchen auf den Ringwall und richten sich in Männchenpose auf ihren Hinterbeinen auf, um ihr lautes Bellen ertönen zu lassen. Dabei wippen sie mit dem Schwanz, wodurch die schwarze Schwanzspitze zusätzlich ein optisches Signal setzt. Auch wenn die Jungtiere dem Muttertier im dichten Präriegras folgen, bewährt sich die schwarze Spitze – als beste Orientierungshilfe.

Die riesigen Kolonien werden unter den verschiedenen Familienclans aufgeteilt. Hier herrscht eine strenge Hierarchie, und die Rangordnung wird unter beiden Geschlechtern zunächst durch spielerische Balgereien und dann notfalls mit ernsthaften Kämpfen ausgefochten. In der Regel besteht eine Familie aus 1 Männchen und 3–5 Weibchen. Die Angabe der Tragzeit variiert um die 30 Tage, und die 2–10 Jungen weisen die typischen Merkmale von Nesthockern auf. Mit etwa 7 Wochen sind die Jungtiere entwöhnt und werden mit 3 Jahren geschlechtsreif. Zusammen mit jüngeren Weibchen siedeln die Männchen sich dann am Rande der Kolonie an und bilden einen neuen Familienverband.

Biber

So ein Biberschwanz ist doch eine feine Sache. Als Universalgerät dient er als Steuerruder ebenso wie als Hilfsmotor für die kräftig entwickelten Hinterbeine, deren lange Zehen mit Schwimmhäuten bespannt sind. Das treibt den torpedoförmig gebauten Körper rasch voran, wobei Tauchzeiten von ca. 10 Minuten erreicht werden. Wenn ein auftauchender Biber erschrickt, taucht er in Delfinstil sogleich wieder unter, wobei die »Kelle« laut klatschend auf die Wasseroberfläche aufschlägt – ein Warnsignal, das die Familienmitglieder sowohl über als auch unter dem Wasser mitbekommen. Beim Säugen dient die Kelle als warme Babyunterlage. Außerdem lässt sich darauf als Jungtier prächtig Wasserski fahren, wenn man sich hinten im Pelz der Mutter festkrallt.

Biberbabys kommen nach einer Tragzeit von ca. 105 Tagen auf die Welt, wobei Drillinge häufig sind. Sie wiegen bei Geburt etwa 500 g und haben die Augen, die während der ersten beiden Tage freilich noch von einem dickflüssigen Schleim geschützt werden, bereits offen. Bei der Geburt sind auch schon die Schneidezähne durchgespitzt, und die kleinen Kerlchen beginnen bereits in der 2. Lebenswoche, neben der Muttermilch auch feste Nahrung aufzunehmen.

Schon sehr früh werden sie von der Mutter mit dem nassen Element vertraut gemacht, was sie sich aber nur sehr widerwillig gefallen lassen. Dies hängt sicherlich damit zusammen, dass bei ihnen das Drüsenpaar im Afterbereich noch zu wenig von dem eigenartig nach Moschus riechenden Öl produziert, mit dem die erwachsenen Tiere ihr Fell einfetten und damit wasserdicht machen. Bibermütter sorgen mit feinem Gespür dafür, dass die Babys nicht zu lange im Wasser sind, wenn das Fell noch nicht genügend eingeölt ist, da sie sonst rasch unterkühlen würden. Um ihre Kinder dann an Land zum Bau zurückzubringen, nimmt die Bibermama das Baby ins Maul, unterstützt es mit den Vorderläufen und watschelt auf den Hinterbeinen aufrecht durchs Gelände zurück zur Biberburg. Der Wohnkessel, nur durch einen Zugang unter Wasser erreichbar, ist gut ausgepolstert, sodass die Jungen hier rasch abtrocknen. Selbst im Winter fällt die Temperatur im Kessel nicht unter 0 °C.

Den Sommer über fressen junge Biber unzählige Kräuter und Wasserpflanzen und stellen im Herbst ihr Verdauungssystem auf Rindennahrung um. Sie halten keinen Winterschlaf, sondern legen sich einen eigenen Kühlschrank zu: Dazu beißen sie von selbst gefällten Bäumen – wobei Espen und Weiden bevorzugt werden – dünnere Äste und Zweige ab und rammen diese als Futtervorrat in den Unterwasserschlamm vor ihrer Biberburg ein. Man schätzt den Jahresbedarf eines erwachsenen Bibers auf 4000 kg Rindenholz pro Jahr.

Biber lieben engen Körperkontakt und kuscheln gerne zusammen.
Mit 2 ½–3 Jahren werden sie geschlechtsreif und verlassen dann den Familienverband.

Fischotter

Zum Trocknen des Felles werden von der Otterfamilie gerne von der Sonne aufgewärmte Steine aufgesucht.

Aller Anfang ist schwer, vor allem wenn man als junger Fischotter mit 6–7 Wochen dem Namen Wassermarder gerecht werden soll und mit dem nassen Element doch so gar nichts am Hut hat. Aber alles Keckern, Fauchen, Piepsen, Fiepen, Gestrample und Gezapple hilft nicht, wenn die strenge Frau Mama den ersten Schwimmunterricht anordnet. Dann heißt es raus aus der warmen Nisthöhle, in der man sich so schön mit seinen 2–4 Geschwisterchen wohlig zusammenkuscheln konnte, und hinein ins nasse Element. Da gibt auch keinen speziellen Nackentragegriff, sondern die wasserscheuen Plüschballen werden eins nach dem andern am Schwänzchen, an den Beinen oder am Rücken mit den spitzen Zähnen vorsichtig, aber entschieden gepackt und ins Wasser gezogen. Bereits 2 Tage später steht das Tauchen auf dem Lehrplan. Dazu wird ein Jungtier nach dem anderen immer wieder untergetaucht – und nach weiteren 2 Tagen balgen die Jungen bereits im nassen Element herum.

Braunbär

OBEN: Beim Tränken der Jungen legen sich die Bärinnen gerne zurück, und die Jungbären lassen es sich laut schmatzend gut schmecken. Im Zoo hört der erfahrene Tierpfleger an den Schmatzgeräuschen, wie viele Jungtiere die Mutter hat, noch bevor er sie gesehen hat.

RECHTS: Junge Braunbären zeigen noch den typisch weißen Halskragen, der im 2. Lebensjahr verblasst. Sehr wahrscheinlich haben die Urahnen unserer heutigen Bären diese weiße Halszeichnung ihr Leben lang getragen.

Der Braunbär zeigt insofern ein interessantes Fortpflanzungsverhalten, als die Bärenhochzeit zwischen Mai und Juni liegt und die 2–5 Jungen (im Regelfall 2) meistens im Januar geboren werden. Daher nehmen wir an, dass der Keimling wie beim Reh und Marder zunächst eine Ruhepause durchmacht, sodass die Tragzeit von 6–7 Monaten gelegentlich mit bis zu 9 Monaten angegeben wird.
Die gelblichgrau gefärbten Neugeborenen haben ein Geburtsgewicht von 310–340 g, eine Größe wie Ratten und öffnen ihre Augen mit 28–35 Tagen. Sie werden von der Mutter 3–4 Monate lang gesäugt, und mit etwa 2½ Jahren trennen sie sich von ihr. Im 4. und 5. Lebensjahr wird der Braunbär geschlechtsreif. In freier Wildbahn können Braunbären ca. 20 und im Zoo sogar 47 Jahre alt werden.
Braunbären bevorzugen die unbesiedelten Waldgebiete Eurasiens und Nordamerikas und kommen hier in verschiedenen Unterarten vor. Wenn junge Braunbären im Alter von 3–4 Monaten die Wurfhöhle verlassen und der Mutter im tapsigen Passgang folgen, müssen sie zunächst einmal lernen, möglichst rasch auf einen Baum zu klettern. Diese Kletterübungen sind für die Jungbären überlebenswichtig, da sie sich nur auf diese Weise vor den erwachsenen männlichen Braunbären retten können, auf deren Speisezettel sogar die eigenen Jungen ganz oben stehen. Da der Braunbär außer den Menschen keine Feinde hat, regulieren sich Braunbärpopulationen auf diese Weise selbst.

Bei keiner anderen Säugetiergruppe wird Kannibalismus so häufig beobachtet wie beim Braunbären.
Wenn es früher zoologische Lehrmeinung war, dass der Braunbär in Gegensatz zum Winterschlaf etwa des Murmeltieres nur eine Winterruhe hält, so haben neuere amerikanische Forschungsergebnisse ergeben, dass sich die üblichen Herzschläge von 70/Minute auf die Hälfte reduzieren und die Körpertemperatur um 3–5 °C absinkt. In den Winterschlaf gefallene Bären sind in der Lage, über 3 Monate weder zu trinken noch zu fressen. Ebenfalls wird in der Zeit weder Harn noch Kot abgegeben, wobei die Tiere den Stoffwechsel nur durch Verbrennung von Fett aufrechterhalten. Obwohl sie bei diesem Winterschlaf nur etwa halb so viel Sauerstoff verbrauchen wie im Wachzustand, verlieren sie doch in dieser Zeit ein 1/7 bis 1/4 ihres Körpergewichtes. Einem aus dem Winterschlaf aufwachenden Braunbären schlottert daher das Fell um die herausstehenden Knochen. Der Braunbär gräbt sich seine Winterhöhle meist an steilen Südhängen, wobei der Höhleneingang in der Höhe und in der Breite je ca. 50 cm misst. Der in ca. 2 m Tiefe gelegene Kessel wird dick mit Gräsern, Kräutern und Laub ausgepolstert. Da die Bären in den Zoos gefüttert und in Ställen gehalten werden, verfallen sie nicht in Winterschlaf, da dieser erst bei Futtermangel und bei Temperaturen unter 0 °C einsetzt.
Die flachkronigen Backenzähne weisen auf die Hauptnahrung des Bären hin, die

hauptsächlich aus Pflanzen besteht. Je nach Jahreszeit nimmt er Gras, Wurzeln, Knollen, frische Triebe, Beeren oder Nüsse zu sich. Die Nester von Bienen und Hummeln werden ebenso ausgeräumt wie Ameisenhaufen und Gelege von Bodenbrütern. Im Spätherbst zur Zeit der Lachswanderung erweisen sich die Grizzlybären in den USA und Kanada und die Kamtschatkabären als geschickte Fischer. Zur Zeit der Hauptwanderung der Fische sind sie dann so vollgefressen, dass sie nur noch den auch bei uns beliebten Lachsrogen (Ketakaviar!) zu sich nehmen.

Im 19. Jahrhundert wurde der Braunbär in Deutschland ausgerottet. Das Jahr 2006 wird in der bayerischen Naturgeschichte des Braunbären 3 rabenschwarze Ausrufungszeichen tragen müssen, weil am 26. Juni 2006 der aus Italien zugewanderte Braunbär »Bruno« abgeschossen wurde. Leider hatte man aus politischen Gründen verabsäumt, das Tier mit einem GPS-Halsbandsender zu versehen, mit dem man sein Wanderverhalten genau hätte beobachten können. So hätte zumindest die Möglichkeit bestanden, »Bruno« durch gezielte Vergrämungsaktionen von menschlichen Siedlungen fernzuhalten. Da Jungbären mit Erreichen der Geschlechtsreife aus dem Revier vertrieben werden, müssen sie lange Wanderungen unternehmen, bis sie ein eigenes Revier gefunden haben. »Bruno II« wird also kommen, und wir können nur hoffen, dass ihm das Schicksal seines Vorgängers erspart bleibt.

Regelmäßige Kletterübungen auf die Bäume gehören zum Überlebenstraining im Jungbärenalltag, da man sich nur auf diese Weise vor hungrigen Bärenmännern retten kann.

Eisbär

Ende November gräbt sich die Eisbärin meist in einer Schneeverwehung eine Höhle, in der sie sich einschneien lässt. Bis der Höhleneingang völlig zugeschneit ist, häufelt die Eisbärin kurz dahinter einen Schneekegel an, der als Windschutz dient. In der Höhle bringt sie unter winterschlafähnlichen Bedingungen 2, selten 3 Jungtiere zur Welt, die so gut wie unbehaart, taub und blind sind und ca. 500 g wiegen. Bis Anfang März hinein säugt sie dann die Jungen, ohne selbst Nahrung aufzunehmen, und verlässt erst dann die Höhle, um auf junge Robben Jagd zu machen. Dies bedeutet für die Bärin eine gewaltige Stoffwechselleistung, da Fett, Eiweiß, Mineralstoffe und Vitamine aus körpereigenen Vorräten dazu mobilisiert werden müssen.
Die Eskimos sagen den Eisbären nach, dass sie beim Anpirschen an die Robbe sich ihre großen Vorderpranken vor Nase und Augen halten, da diese 3 schwarzen Punkte sonst im Schnee auffallen würden. Die eigenen Jungtiere werden während der Jagd

Weltberühmt wurden die beiden von Hand aufgezogenen Eisbären »Knut« im Berliner Zoo und »Flocke« im Tiergarten Nürnberg 2007/2008. Allen Unkenrufen zum Trotz lassen sich Handaufzuchten erfolgreich verpaaren, wenn sie rechtzeitig vom menschlichen Pfleger entwöhnt und mit dem entsprechenden Geschlechtspartner zusammengebracht werden.

vor Wölfen möglichst auf einer Eisscholle gut versteckt und teilen dann mit der erfolgreichen Mutter die Beute. Nach der Mahlzeit sucht sich Frau Mama eine windgeschützte Stelle, birgt die Jungen im weichen Bauchfell und deckt sie mit ihren großen Vorder- und Hinterpranken sorgfältig zu.
Eisbärinnen sind sehr zärtliche Mütter, die ausgiebig mit ihren Jungen tollen und spielen. Sehr beliebt dabei sind »Kopfschieben« und das Fangen der mütterlichen Ohren. Bei schönem Wetter genießen es die Jungen sichtlich, auf dem Rücken steile Schneewechten hinunterzurutschen. Im Zoo geben sich junge Eisbären äußerst verspielt und können sich stundenlang mit allerlei Spielzeug beschäftigen, wobei dieses im hohen Bogen in die Luft geworfen oder beim Tauchen mit unter das Wasser gezogen wird. Besonderen Spaß bereiten luftgefüllte Kanister, die man wie Sektkorken aus dem Wasser hochschießen lassen kann, um sie beim nächsten Spielgang erneut wieder möglichst tief unterzutauchen.
So wie unsere Steinmarder bekanntlich gerne mit ihren spitzen Zähnen an die Bremsleitungen und Gummimanschetten der Autos gehen, so gerne beißen junge Eisbären weiche Plastikeimer kurz und klein, dass die Fetzen fliegen. Da sie diese aber nicht abschlucken, muss man keine Angst um ihre Verdauung haben. Dagegen heißt es für den Zootierarzt bei der Betreuung von Eisbärenjungen immer ein besonders waches Auge auf den Befall mit Spulwürmern (Ascariden) zu haben, denn dieser lästige Parasit kann sich ohne regelmäßige Wurmkuren (alle 2 Monate) so rasch vermehren, dass noch Jungtiere im Alter von 2 Jahren daran eingehen können. Glücklicherweise sind Eisbären unglaubliche Naschkatzen, sodass es dem Tierpfleger in der Regel keine Schwierigkeiten bereitet, selbst bittere Medizin in Honig oder Lebertran zu verstecken.

OBEN LINKS: Wo bitte ist der nächste Plastikkanister, den ich zerlegen kann? Die ausgeprägte Lust zum Spielen hält sich bis zur Geschlechtsreife.

OBEN RECHTS: Mit vollem Bäuchlein ist besonders gut ruhen, wenn man zugleich die wärmenden Sonnenstrahlen genießen kann.

LINKS: Eisbärbabys sind sehr verspielt und erfreuen uns mit ihren tapsigen Bewegungen. Jungbären laufen zuerst im Kreuzgang, später im Passgang.

Großer Panda

Als Wappentier des World Wildlife Fund (WWF) dürfte der Große Panda mit seiner putzigen Gesichtsmaske wohl weltweit bekannt sein. In Zoos ist er ein äußerst seltener Pflegling, weil er zum einen von der chinesischen Regierung nur als staatsgeschenkliche Leihgabe eingestellt wird und zum anderen als Nahrungsspezialist nur mit hohem Kostenaufwand gehalten werden kann. Wie er im Laufe der Evolution mit seinem einhöhligen Fleischfressermagen sich auf die Aufnahme von ca. 20 kg Bambus pro Tag spezialisieren konnte, von dem gerade einmal 17 % verdaut werden können, bleibt ernährungsphysiologisch wohl immer ein Rätsel. Schlechte Zeiten brechen für den Großen Panda an, wenn der Bambus zu blühen beginnt. Denn dann sterben die Wurzelsprosse (Rhizome) ab, und es dauert 6 Jahre, bis aus dem Bambussamen neue Pflanzen wachsen.

Pandababys kommen wie andere Bärenbabys als 10–15 cm lange Winzlinge auf die Welt, die mit kaum 2 mm langem Flaum behaart sind. Direkt nach der Geburt nimmt das Muttertier den Winzling mit dem Maul auf die Pfote und drückt ihn dann an die Zitze. Nur so kann diese Frühgeburt, die ca. 1/900stel des Muttertiergewichtes wiegt, überhaupt überleben. Mit dem 6. Tag beginnt das Fell zu wachsen, mit 45 Tagen öffnen sich die Augen.

In Zoos spielt die künstliche Befruchtung von Großen Pandas eine wichtige Rolle, da nur dadurch viele Geburten eingeleitet werden konnten. Die Jungtiersterblichkeit ist allerdings hoch, und bei Zwillingsgeburten überlebt meist nur 1 Tier. Da der Bambus ihnen nicht davonläuft und selbst im Winter unter Schnee als Frostgemüse verfügbar ist, stehen Pandas relativ spät auf, sind dafür aber dann 16 Stunden mit Fressen beschäftigt.

Wolf

Die leicht schräg gestellten Augen unterscheiden den Wolf deutlich vom Schäferhund. Die beiden Welpen stecken zum Futterbetteln die Schnäuzchen in die Lefzen der Mutter, die daraufhin das im Magen gebunkerte Fleisch hochwürgt. Schwärzlinge in einem normal gefärbten Wurf sind gar nicht so selten.

Wohl kein anderes Tier der europäischen Fauna ist von uns Menschen in so viel unterschiedlichen Ränken, Schnurren, Fabeln und Märchen als Schafsmörder, Urfeind und Menschenfresser völlig zu Unrecht verschrien und verteufelt worden wie der Wolf. Seine »Untaten« reichen von Grimms Rotkäppchen oder den Geißlein bis hin zu Ede Wolf, der als hinterlistiger Fänger den 3 kleinen Schweinchen von Walt Disney das Leben sauer macht. Mag ja sein, dass er als Stammvater aller unserer Haushunderassen – sei es nun der winzige Rehpinscher oder der riesige Bernhardiner – bereits ca. 14 000 v. Chr. zum ältesten Haustier und damit zum treuesten Wegbegleiter des Menschen geworden ist. Aber muss er sich deswegen denn bei uns in Deutschland wieder fortpflanzen? Gott sei Dank tut er das nach dem Fall der Mauer wieder im Bundesland Brandenburg, wo seine Nachkommen unter strengem Naturschutz stehen. Diese erfolgreiche Zuwanderung und Vermehrung von Wölfen aus dem Osten ist ein schönes Beispiel für die enorme Anpassungsfähigkeit dieses faszinierenden Beutegreifers.

Die Geschichte vom Wolf im Schafspelz ist Sprichwort geworden. Vor einigen Jahren hat sie uns eine Wölfin in der Stadt Braschow/ Rumänien aufs Neue vorgespielt. Im Rahmen einer Doktorarbeit wurde die Wölfin nämlich mit einem Halsbandsender versehen, und mit Hilfe eines Satelliten konnten ihre Bewegungen genau überwacht werden. Heraus kam dabei eine Wolfsstory, die selbst waschechte Wolfskenner kaum für möglich gehalten hätten, die sich aber tatsächlich so zugetragen hat: Diese Wölfin zog am Stadtrand im Wald in einer gut versteckten Höhle ihre Jungen auf. Pfiffig wie die Füchslein, die nachts auf dem Münchner Marienplatz durchaus einmal die Mülltonnen umkrempeln, ob da nicht irgendein Preuß' einen Weißwurstzipfel weggeworfen haben könnte, erkor sie für sich und ihre verfressene Brut den stets reich gedeckten Tisch der großen städtischen Müllhalde. Es störte unsere Wölfin kein bisschen, dass diese ausgerechnet auf der anderen Seite der Stadt gelegen war. Der Umweg den Stadtrand entlang war ihr wohl zu mühsam, weshalb sie in den frühen Morgenstunden im Heer der streunenden Haushunde mitten durch den Stadtverkehr den Müllwägen folgte. So konnte sie sich die Leckerbissen heraussuchen und wurde dabei von den Haushunden ängstlich gemieden. Ratzfatz bunkerte sie alles Genießbare in ihrem großen Bauch, in den zwar kein Rotkäppchen mit Großmutter passen würde, leicht aber 15 kg Fleisch und genießbare Küchenabfälle. Mit voller Wampe ging es dann dieselbe Strecke zurück, und keinem der Passanten, an denen sie vorbeistrich, fielen die leicht schräg gestellten Augen auf, die den Wolf von allen Haushunderassen unterscheiden. An der Höhle angekommen, würgte sie den Mageninhalt heraus und zog so den gesamten Wurf problemlos auf.

Wölfe sind also ganz anders als ihr Ruf, und der schaurige Angriff eines Wolfsrudels auf den Pferdeschlitten in einer russischen Winternacht ist nie bestätigt worden. Als Napoleon mit seinem Heer geschlagen vor den Toren Moskaus kehrtmachen musste, sind wohl die Leichname von gefallenen Soldaten von Wölfen angefressen worden, wie Zeitzeugen berichteten. Wer aber weiß, wie viele verwilderte Haushunde dabei waren? Sonst sind Übergriffe auf den Menschen nicht bekannt.

Zur Winterzeit scharen sich Wölfe zu größeren Rudeln zusammen, weil sie gemeinsam auch größeres Wild wie Elche zur Strecke bringen können. Wenn so ein hungriges Rudel in eine Schafherde fährt, bleibt von den Schafen allerdings nicht viel übrig, weil Wölfe immer erst alles niedermachen, bevor sie zu fressen anfangen. Genau dieses Jagdverhalten ist auch der Grund, warum sie lange Zeit als Geisel der dörflichen Bevölkerung galten. Die leibeigenen Bauern durften früher nebenher ein paar Ziegen und Schafe halten, während sie für die Großgrundbesitzer Frondienste leisten mussten. Die spärliche Einweißquelle bestand daher für sie aus Milch und Käste ihres Kleinviehs, Fleisch gab es nur an hohen Festtagen. Brachen nun Wölfe in diese Herden ein, hieß es wahrlich, den Gürtel sehr eng zu schnallen. Dies sind aber auch die einzigen Tatsachenberichte, die von den ganzen blutrünstigen Wolfsmärchen und Meister-Isegrim-Geschichten übrig bleiben!

LINKS: In einem Wolfsrudel im Zoo bringt immer nur das Alphaweibchen Junge zur Welt.

RECHTS: Schon früh beginnen die Welpen in das Wolfsgeheul einzufallen, das im Zoo immer dann angestimmt wird, wenn ein Notarztwagen mit Sirene vorbeikommt.

Afrikanischer Wildhund

OBEN: Ein Afrikanischer Wildhundwurf kann bis zu 16 Junge umfassen, durchschnittlich sind es ca. 7 Tiere. Den jungen Welpen werden vornehmlich Hyänen und Adler gefährlich.

RECHTS: In jeder Altersklasse pflegen Afrikanische Wildhunde sehr engen Sozialkontakt, und vor allem Kuscheln ist sehr gefragt.

Wer Wildhundwelpen streicheln möchte, dem bleibt zunächst einmal einfach die Luft weg. Es ist einfach unbeschreiblich, wie penetrant diese quirligen schwarz-weißen Wollknäuel stinken. Selbst in freier Wildbahn riecht man schon von Weitem, ob eine Erdferkel- oder Warzenschweinhöhle von einem Wildhundrudel zur Aufzucht der Jungen in Beschlag genommen wurde.
Die Welpen kommen nach einer Trächtigkeitsdauer von ca. 70 Tagen zur Welt, wobei die Wurfgröße zwischen 2 und 16 variiert. Die gelbbraunen Flecken treten erst ab der 6.–7. Lebenswoche auf. Abgesehen von der stets weißen Schwanzspitze, der bei der Jagd im Busch sicherlich eine wichtige Signalfunktion zukommt, ist die lebhafte Farbzeichnung individuell so unterschiedlich, dass kein Tier dem anderen gleicht. Die Jungen verfügen über ein beachtliches Stimmlautrepertoire, das von Quieken und Piepsen bis hin zum vogelähnlichen Zwitschern reicht. Dieses wird von den Welpen vor allem beim Futterbetteln geäußert, wenn das

Muttertier von der Jagd zurückkommt. Sie versuchen dann alle gleichzeitig, die Nasen in ihre Mundwinkel zu drücken, knicken dabei in den Hinterläufen leicht ein und zwitschern in den hellsten Tönen. Die Mutter würgt daraufhin das Beutefleisch aus dem Magen hoch (bis 15 kg). Ihren Anteil davon bekommt auch die Wächterin, meist ein älteres Weibchen, das während der Abwesenheit der jagenden Mutter auf die Welpen aufgepasst hat.
Das Wildhundrudel besteht meistens aus 6 bis zu 20 Tieren, wobei keine hierarchische Rangordnung zwischen den Rudelmitgliedern herrscht. Sie sind äußerst kontaktfreudig und gehen sehr rücksichtsvoll miteinander um, weshalb sie in Simbabwe »Abangame« (= die Freundlichen) genannt werden.
Wildhunde verfügen über eine raffinierte Jagdtechnik, die ihnen eine sehr hohe Erfolgsrate sichert: Zunächst stimmen sie mit einem glockenähnlichen, röhrenden Ton den Jagdbeginn ab und legen dann die Richtung fest. Als Sichthetzer im Team nehmen sie auf Windrichtung oder Deckung so gut wie keine Rücksicht. Über eine Strecke von 3–5 km halten sie eine Dauergeschwindigkeit von etwa 50 km/h. Da sie mit geschlossenen Schnauzen jagen, wird die benötigte Bewegungsenergie durch anaerobe Zellatmung ohne Sauerstoffverbrennung erzeugt. Zur Jagd selbst formieren sich ca. 6–8 Wildhunde zu einer langen Kette, wobei die Jäger sich gegenseitig mit hellen Lauten verständigen. Das Beutetier wird meist seitlich von der Flanke oder von vorne her von mehreren Hunden gleichzeitig angegriffen, die mit ihrem messerscharfen Gebiss große Fetzen von Haut und Muskelgewebe herausreißen. Die Beute stirbt innerhalb von 1–2 Minuten im Schock, ohne dabei Schmerzen zu verspüren. Kleinere Arten wie Steinböckchen werden oft von 2 Hunden gleichzeitig ergriffen und regelrecht auseinandergerissen.

Luchs

OBEN: Im Nationalpark Bayerischer Wald wandern Luchse aus dem benachbarten Böhmerwald ein. Durch strengen Schutz versucht man, eine neue Population aufzubauen (Nordluchs).

RECHTS: Wenn die Luchsmama mit ihrer rauen Zunge das Fell durchbürstet, bleibt sicherlich kein Krümelchen darin hängen (Nordluchs).

Beim Eurasischen Luchs, auch Nordluchs genannt, entscheidet man entsprechend seines riesigen Verbreitungsgebietes, das von den Pyrenäen bis nach Sibirien bzw. vom Balkan bis zum Nordkap reicht, 4 Unterarten. Die größte und schwerste davon, der Ostsibirische Luchs, kann eine Widerristhöhe von bis zu 75 cm erreichen und 36 kg auf die Waage bringen. Die Grundfärbung des Felles, dessen sehr dichte Unterwolle von 5–7 cm langen Grannenhaaren bedeckt wird, reicht von rötlich goldbraun bis hin zu einem hellen Gelbbraun. Typisch für alle Luchse ist die dunkle Ohrrückseite, die immer einen weißlichen Fleck trägt.

Mit dem kurzen Stummelschwanz, dessen Spitze stets schwarz gefärbt ist, und den hohen, sehr kräftigen Beinen haben wir eine besonders gedrungene kompakte Katze vor uns. Da die Hinterläufe ca. 20 % länger als die Vorderläufe sind, wirkt der Luchs hinten überbaut. Dieser Körperbau weist auf seine Fähigkeit zu schnellen Spurts und weiten Sprüngen hin. Gerne wird die Beute durch einen Sprung von oben überrascht und durch Kehlbiss getötet. Luchstypisch sind ferner die schwarzen Ohrpinsel und ein deutlich ausgeprägter Backenbart, der zu den Ohren hochgezogen werden kann. Zwar sagt unser Sprichwort bekanntlich: »Augen wie ein Luchs«, aber Luchse hören auch außerordentlich gut und orientieren sich als Waldjäger vorzüglich mit ihrem Gehör. Im Winter werden die Sohlenballen durch ein dickes Fellpolster zusätzlich so geschützt, dass sie wie ein Schneeschuh wirken und das Tier niemals bis zum Bauch in den Schnee einsinkt. Dadurch ist es für den Luchs ein Leichtes, ein tiefer in den Schnee einsinkendes Reh oder Hirschkalb zu schlagen. Der Kopf ist kurz und rundlich gebaut, und in den sehr starken Eckzähnen bestehen feine Dolchrinnen. Der kurze Stummelschwanz kann aufgedreht und hochgerichtet werden, besitzt aber nicht wie der längere Schwanz anderer Katzen die Ausdrucksvielfalt der jeweiligen Stimmung des Tieres.

Da in den vergangenen Jahren vor allem in der Schweiz viele Luchse mit einem GPS-Halsbandsender versehen wurden, wissen wir heute über das Verhalten der Tiere in freier Wildbahn recht gut Bescheid. Luchsreviere messen mindestens 5 km², sind meist aber wesentlich größer. Auf der Speisekarte dieser kräftigen Katze stehen vornehmlich Rehe, Hirschkälber und im Gebirge auch Gämsen. Mäuse gehören nicht dazu. Ein Luchs reißt alle 3–5 Tage ein Reh, kommt aber, wenn er sich ungestört fühlt, immer wieder zu seiner Beute zurück, bis diese völlig aufgefressen ist. In der Schweiz werden auch viele Füchse und im hohen Norden auch Wildkatzen erbeutet. Im Zoo werden gern frischtote Ratten und Hühner gefressen.

Die Paarungszeit fällt in den Spätwinter, und im Februar/März sind die Kater häufig unterwegs, um die fortpflanzungsbereiten Weibchen anhand der im Urin abgesonderten Duftstoffe zu finden. Während der Ranzzeit lassen vornehmlich die

Bei diesem kleinen Luchs färben die Augen von Hellblau gerade um und spielen bereits ins Gelbliche, die Irisfarbe der erwachsenen Katze. In diesem Alter ist das Kätzchen noch ausschließlich auf die Muttermilch angewiesen (Nordluchs).

Kater ein raues Miauen ertönen, während der Luchs im restlichen Jahr eher eine sehr stille Katze ist. Die Trächtigkeitsdauer beträgt 67–74 Tage, wobei 1–4, selten bis 6 Jungtiere geboren werden, die 200–300 g wiegen. Die Jungen werden in guten versteckten Wurfplätzen, welche die Kätzin auspolstert, zur Welt gebracht und von ihr sofort in ein anderes Versteck getragen, wenn sie sich gestört fühlt. Bei Geburt ist die Ohröffnung noch durch ein feines Häutchen verschlossen, und nach dem 12. Lebenstag öffnen junge Luchse zum ersten Mal ihre Augen.
Als Lebensräume werden felsige Wald- und Buschwaldgebiete sowie Heide und Moor bevorzugt. Im südlichen Verbreitungsgebiet werden die Jungtiere mit etwa 4–5 Monaten entwöhnt und erreichen ihre Geschlechtsreife mit 1,5–2,5 Jahren. Hauptfeind des Luchses ist zweifellos der Mensch, während je nach Verbreitungsgebiet in Skandinavien auch Wolf und Vielfraß bzw. in Sibirien Leopard und Tiger auf ihn Jagd machen können.

Ozelot

Der Ozelot ist neben dem Puma wohl die bekannteste amerikanische Kleinkatze; sein Verbreitungsgebiet erstreckt sich vom südlichen Texas und Louisiana bis weit in den südamerikanischen Kontinent hinein. Die Grundfärbung des bis zu 16 kg schweren Tieres reicht von rötlich gelb bis schiefergrau, wobei die Flanken von 3–4 Fleckenreihen geziert sind, deren Rosettenflecken meist hinten nicht geschlossen sind. Die Bauchunterseite sowie die Innenseite der Beine sind weiß gefärbt und bilden einen farblich schönen Kontrast zum schwarzen Rosettenmuster. Der Ozelot zählt zu den Pardelkatzen (Gattung *Leopardus*), deren Felle leider nicht auf der Verbotsliste der internationalen Pelzhandelsvereinigung stehen. Dies ist der Grund, warum auch heutzutage noch Ozelots in ihren Heimatländern erbarmungslos gejagt werden. Selbst wenn ein Land wie Brasilien ihn dankenswerterweise auf die Liste I des Washingtoner Artenschutzabkommens gesetzt und somit unter strengsten Schutz gestellt hat, wurden doch nach Inkrafttreten dieses Gesetzes Hunderttausende von Ozelotfellen im benachbarten Paraguay auf den Markt geworfen, obwohl die Art dort nur im Norden des Staatsgebietes vorkommt. Schützen lässt sich der Ozelot daher nur, wenn die Damenmode weltweit auf ge-

Wie alle jungen Katzen sind Ozelots sehr unternehmungslustig und neugierig. Hier hat eine Grille die Aufmerksamkeit des Jungtiers auf sich gezogen und wird sicherlich gleich mit einem hohen Sprung erbeutet werden.

fleckte Katzenfelle gänzlich verzichten würde.
Der Ozelot kommt im Wald-, Busch- und Grasland vor und ist überwiegend auf dem Boden unterwegs, obwohl er sich auch gerne zum Schlafen auf Astgabeln oder in Baumhöhlungen zurückzieht. Das Haar bildet am Widerrist Wirbel, sodass der Haarstrich am Hals nach vorne gerichtet ist. Anders als beim Baumozelot berührt der Schwanz des Ozelots den Boden nicht. Der gedrungen wirkende Körper ruht auf kräftigen Beinen und breiten Pfoten. Zur Jagd ist er meistens in der Dämmerung oder nächtens unterwegs, wobei auf seinem Speisezettel Nager wie Mäuse, Ratten, Meerschweinchen, Pakas, Agutis und Baumstachler stehen. Aber auch kleine Hirscharten wie Pudus sowie Schlangen, Eidechsen und Vögel werden neben Wirbellosen gefressen.
Man nimmt an, dass Ozelots paarweise in ihren Revieren leben, wobei die Fortpflanzung sehr wahrscheinlich nicht jahreszeitlich gebunden ist. Die meist 1–3 Jungen kommen nach einer Tragezeit von 70–85 Tagen auf die Welt und wiegen bei Geburt um die 100 g. Als Geburtshöhle werden im Zoo gerne Wurfkisten mit verstecktem Eingang angenommen, welche die Jungen erst im Alter von ca. 3–4 Wochen verlassen. Handaufgezogene Ozelots werden sehr zahm und anschmiegsam, sind aber als Haustiere kaum geeignet, da Weibchen und Männchen ihr Revier mit ihrem streng riechenden Harn markieren.

Typisch für die Gesichtszeichnung des Ozelots sind die beiden durchgehenden schwarzen Streifen, die von den Ohren aus auf die weiß umrandeten Augen zulaufen. Die Iris ist mit ca. 4 Monaten dunkelbraun gefärbt.

Löwe

Löwinnen sind sehr zärtliche und rücksichtsvolle Mütter, die ihren Jungen alle spielerischen Freiheiten durchgehen lassen.

Wenn schon der Herr Papa als der König der Tiere rangiert, dann müsste es doch eigentlich den Prinzen und Prinzesschen in der Jugendzeit besonders gut ergehen. Dass dem nicht so ist, zeigt die hohe Jungtiersterblichkeit: 60 % der Jungen sterben bereits in der Kinderstube, und nur 20 % vollenden das 2. Lebensjahr. Die Gründe hierfür liegen im speziellen Sozialverhalten dieser majestätischen Großkatze, die paarweise oder in Rudeln von bis zu 30 und mehr Tieren leben kann. Die Weibchen übernehmen in einem solchen Rudel die Aufgabe der Jagd, während 2–5 ausgewachsene Löwenmännchen eine Kampfgemeinschaft bilden, welche die Weibchen und die Jungen von sogenannten Nomaden abschirmt. Darunter versteht man Junglöwen, die im Alter von ca. 2 Jahren das Rudel verlassen müssen, um dann mit 5–6 Jahren sich ein eigenes Rudel anzueignen. Dazu vertreiben oder töten sie die älteren Löwenmännchen des Rudels, die ihnen mit 8–10 Jahren körperlich nicht mehr gewachsen sind. Verschiedent-

lich wurde dabei beobachtet, dass die neuen Rudelbesitzer sofort alle Jungtiere töten, damit die Weibchen möglichst rasch wieder in Hitze kommen und sie damit ihre eigenen Gene weitergeben können.
Viele Junglöwen sterben vor allem in Dürreperioden durch Verhungern. Am Riss herrscht nämlich eine strenge Hackordnung, denn zuerst beanspruchen die Männchen den sprichwörtlichen »Löwenanteil« der Beute. Erst wenn dann auch noch die Weibchen ihren Hunger gestillt haben, dürfen sich die Jungen am Riss gütlich tun, sofern vom Beutetier überhaupt noch etwas da ist. Dieses für uns scheinbar so grausame Verhalten der Eltern macht biologisch gesehen durchaus Sinn. Auf diese Weise regelt nämlich die Großkatze im Sinne einer Autoregulation den Bestand, ohne die eine Löwenpopulation sehr schnell explodieren würde. Abgesehen vom Menschen hat der Löwe keine natürlichen Feinde, sieht man einmal von Leopard, Hyäne und Hyänenhunden ab, die sehr junge oder sehr alte und kranke Tiere reißen können. Die Tragzeit der Löwen beträgt 100–116 Tage und die Wurfgröße 2–4, selten bis zu 7 Jungtiere. Bei Geburt wiegen diese ca. 1300 g. In den ersten Lebenswochen sind sie vor allem durch Unterkühlung nach längeren Regenfällen gefährdet. In den weiblichen Großrudeln kennt man einander sehr genau, und treffen zwei Löwenfamilien zusammen, begrüßt man sich mit Mauzlauten. Der Kontakt miteinander erfolgt durch Umhalsen, Köpfchengeben und spielerische Balgereien. Je nach Beutedichte umfasst ein Löwenrevier 120–150 km². In ihrem Großrevier bleiben die Tiere weitgehend reviertreu, wobei der Löwe in Halbwüsten wie der Kalahari stets an Wasser und Schatten spendende Bäume gebunden ist. Gern sucht er dort auch den Schatten der Touristenklos auf.

OBEN RECHTS: *Das Jugendfell trägt während der ersten Lebensmonate noch ein feintupfiges Leopardenmuster.*

OBEN LINKS: *Der behagliche Gesichtsausdruck der beiden Jungen zeigt, wie wohl man sich dicht aneinandergekuschelt beim Papa fühlt. Geht es aber ans Fressen, so versteht dieser keinen Spaß. Erst wenn er sich satt gefressen hat, dürfen die Jungen an die Beute.*

RECHTS: *Junglöwen sind wie alle Katzenkinder sehr schmusebedürftig.*

Jaguar

Von der spanisch sprechenden Bevölkerung Venezuelas wird der Jaguar respektvoll »El Tigre« genannt, wobei die Sprache der Einheimischen Indios ihn noch genauer charakterisiert: Sie nennen ihn »Der, der mit einem Sprung tötet«. Treffender könnte man diese massig gebaute Großkatze mit ihrem schweren, breiten und kurzen Kopf wohl kaum beschreiben. Mit einem einzigen Biss tötet ein Jaguar ein ausgewachsenes Pferd und zerrt es mühelos über 100 m weit ins Dickicht, um es dann in aller Ruhe zu verzehren. Der Beißdruck des mächtigen Gebisses ist so stark, dass entweder der Schädel des Beutetieres zermalmt wird oder der Biss in den Nacken die Wirbelsäule und das Rückenmark durchtrennt.

OBEN LINKS UND RECHTS: *Wenn eine Jaguarin sich unsicher fühlt, werden die Jungen rasch in ein neues Versteck gebracht. Sie verfallen dabei in eine Tragestarre, wodurch Verletzungen durch die spitzen Zähne der Mutter vermieden werden. In Zoos bietet man oft mehrere Wurfkisten an, wobei der Tierpfleger sorgfältig darauf achtet, selbst geringste Störungen zu vermeiden.*

LINKS: *Das Babyfell des jungen Jaguars zeigt noch nicht die typischen Tupfen innerhalb des Rosettenmusters, die bei älteren Tieren deutlich zu sehen sind.*

Wegen seines wunderschönen Felles mit dem typischen Rosettenmuster, bei dem die Rosetten im Gegensatz zum Leoparden noch 1–3 schwarze Tupfer umschließen, wird er nach wie vor gnadenlos gejagt. Hinzu kommt, dass immer mehr seines ursprünglichen Lebensraumes im Urwald und in der Savanne in Acker- und Weideland umgewandelt wird und der Jaguar dann wegen fehlenden Wilds notgedrungen zum Viehräuber werden muss.
Sein gedrungener Körperbau weist ihn als bodenlebendes Tier aus, das stets ans Wasser gebunden bleibt und vorzüglich schwimmen kann. Die Reviergröße des Jaguarweibchens wird mit 38 km² angegeben, wobei die Männchen meist mehrere Weibchenreviere überlappend kontrollieren. Auf seiner Speisekarte stehen Säugetiere von der Maus bis zum Tapir, aber auch Schildkröten und Fische werden gerne erbeutet. In der Brunftzeit lockt das Weibchen mit kurzen rauen, sägenden Rufen das Männchen an. Die Tragzeit beträgt ca. 93–105 Tage, nach der 1–4 Jungtiere geboren werden, die 700–900 g schwer sind. Im Zoo werden die Tiere mit ca. 2–3 Jahren geschlechtsreif und bis über 20 Jahre alt. Da Jaguare wie alle Großkatzen sehr gut nachzüchten, werden im Rahmen des Europäischen Erhaltungszuchtprogrammes (EEP) die Nachzuchten abgestimmt.

Tiger

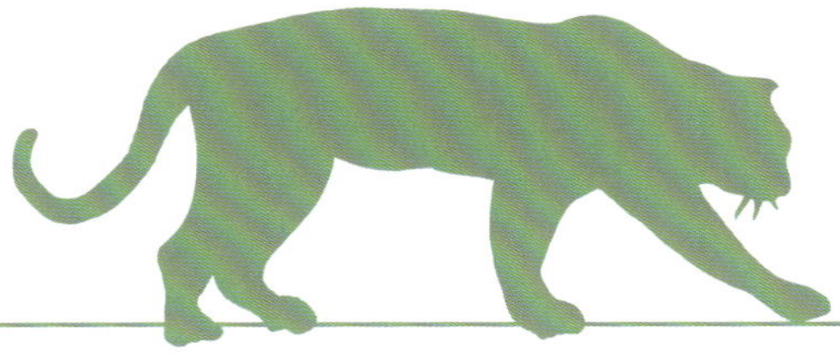

OBEN: Säugende Tigerbabys geben ein deutliches Schmatzen von sich, sodass der erfahrene Tierpfleger bereits am 1. Lebenstag feststellen kann, ob die Mutter sich um die Jungen kümmert und genügend Milch hat.

RECHTS OBEN: Mit etwa 2 Monaten unternehmen die Jungtiger noch ganz vorsichtig ihre ersten Pirschgänge.

RECHTS UNTEN: Wenn sich Tigerbabys mit 6–8 Wochen zu weit von der Mutter wegtrauen, werden sie nach Katzenart im Nackentragegriff wieder in die schützende Wurfkammer zurückgebracht.

Mit einer Kopf-Rumpf-Länge von bis zu 280 cm, einem Gewicht bis 280 kg und einer Widerristhöhe bis zu 110 cm wird ein Sibirisches Tigermännchen die größte und schwerste aller Großkatzen.

Tiger können das ganze Jahr über brünstig werden, wobei aber die meisten Paarungen im späten Winter und Frühjahr erfolgen. Die Brunstzeit dauert 20–80 Tage, doch die Weibchen sind nur 3–7 Tage befruchtungsfähig. Nicht befruchtete Weibchen werden nach 45–55 Tagen wieder heiß. Nach einer Tragzeit von 95–112 Tagen bringt eine Tigerin in der Regel 2 Junge zur Welt, die 780–1600 g schwer sind. Sie öffnen ihre Augen mit ca. 10 Tagen, und die Milchzähne brechen nach 2 Wochen durch. Während der ersten 7–8 Wochen werden sie ausschließlich von der Mutter gesäugt. Die gesamte Säugezeit dauert bis zum 5. oder 6. Monat. Im Alter von etwa 2 Monaten verlassen die Jungtiger erstmals die Wurfhöhle und beginnen sich dann für Fleisch und Knochen des mütterlichen Futters zu interessieren. Im Zoo werden sie in dieser Zeit zunächst entwurmt und erhalten die lebensnotwendige Schutzimpfung gegen Katzenseuche. Erstmals mit der Mutter auf die Jagd gehen sie im Alter von 5–6 Monaten. Die erste Beute besteht meist aus Heuschrecken oder Faltern, da alles mit den noch ungelenken Tätzchen ergriffen wird, was sich bewegt. Im Kanha-Nationalpark in Zentralindien konnte beobachtet werden, dass die Jungen erst mühsam das Töten eines größeren Wirbeltieres lernen müssen. Dazu brach die Tigerin einem Barasinghahirsch die Wirbelsäule im Rückenbereich, damit die Jungen lernen konnten, den richtigen Biss in die Kehle anzusetzen. Im Alter von 11 Monaten jagen sie erstmals allein, und mit ca. 16 Monaten sind sie in der Lage, auch einen Wasserbüffel zu reißen.

Bei der Nahrungsaufnahme ist der Tiger nicht wählerisch, wobei Wildrinder, Antilopen, Hirsche und Wildschweine auf der Nahrungspalette stehen. Bei der Jagd muss er sich auf ca. 10–25 m nähern, bevor er lossprinten kann. Wehrhaftes Wild wie Gaur oder Wasserbüffel werden auch dadurch erlegt, dass er ihnen von hinten die Sehnen und Muskeln der Hinterbeine durchbeißt, um dann das festliegende Tier mit seinen Pranken so lange zu bearbeiten, bis er den tödlichen Kehlbiss ansetzen kann. Auf eine erfolgreiche Jagd kommen ca. 20–30 missglückte Anpirschversuche. Hungrige Tiger können bis zu 50 kg Fleisch auf einmal in sich hineinschlingen. An einem großen Huftier wie dem indischen Gaur fressen sie mehrere Tage, wobei sie die Beute zum Schutz gegen Schakale und Leoparden mit Laub und Gras bedecken und sie ständig bewachen. Nach der Mahlzeit liebt es ein Tiger ausgiebig zu trinken. Die Mutter bleibt mit den Jungen bis zu 2 Jahre zusammen, dann müssen die jungen Männchen jedoch das Territorium verlassen, da sie sonst Gefahr laufen, von dem eigenen Vater getötet zu werden. In diesem Zusammenhang konnte ebenfalls im Kanha-Nationalpark eine überaus inte-

ressante Beobachtung gemacht werden: Als nämlich eine Tigerin vom patrouillierenden Männchen mit ihren fast ausgewachsenen Jungen, 2 Tigermännchen, überrascht wurde, täuschte sie eine Rolligkeit vor und ließ sich von ihm decken, damit sich die beiden Jungen in Sicherheit bringen konnten.
Die in einigen Zoos und Zirkussen gezeigten weißen Tiger gehen auf einen Wildfang aus dem Jahre 1951 in Mittelindien zurück. Diese Tiere, die immer wieder miteinander rückgekreuzt wurden, gelten als sehr stress- und krankheitsanfällig. So leiden sie häufig unter einem starken Tränenfluss, und überdies schielen die meisten von ihnen und bieten so für den Kenner nicht gerade einen sonderlich erfreulichen Anblick. Als einzige Großkatze besitzen sie lebenslang eine leuchtend blaue Iris. Weiße Tiger gehen auf eine Mutation zurück und hätten in freier Wildbahn keine Überlebenschancen.
Mit seiner Streifenfärbung ist der Tiger im Dschungel vorzüglich getarnt und verschmilzt geradezu mit dem gelbbräunlichen Gras und Bambus, sodass sich die Körperumrisse gleichsam auflösen. Im Zoo werden Tiger sehr zutraulich und schließen gerne enge Freundschaft mit ihrem Tierpfleger. Der Begrüßungslaut eines freundlich gesinnten Tigers besteht in einem prustenden Ausatmen, das man als Mensch mit vibrierenden Lippen leicht nachahmen kann. Es ist eine Freude, wenn man so auf der morgendlichen Zoorunde begrüßt wird.

Eine unbändige Neugier gemischt mit purer Lebenslust steht diesem jungen Tiger ins Gesicht geschrieben. Den mächtigen Pranken nach dürfte es sich um ein männliches Jungtier handeln.

Gepard

Wie frisch geföhnt wirken die ca. 8 Wochen alten Jungtiere mit ihrer flauschigen Kopf-Nacken-Mähne. In diesem Alter zwitschern sie wie Vögelchen, wenn die Mama zum Säugen kommt.

Wenn junge Geparden im Alter von etwa 20 Tagen ihre ersten tapsigen Ausflüge weg vom Wurfplatz unternehmen, ziehen sie sich dazu wie Internatsschüler eine einheitliche Ausgehuniform an. Es sprießt ihnen dann nämlich eine hell gelbgraue, flauschige Mähne, die vom Scheitel über den Nacken bis auf den Rücken reicht. Innerhalb der nächsten 6 Wochen wird diese von allen Katzenarten nur dem Geparden eigentümliche Behaarung immer spärlicher und hält sich andeutungsweise im Nacken bis zum 1. Lebensjahr. Nur bei der extrem seltenen persischen Unterart bleibt auch beim erwachsenen Tier eine kurzhaarige Nackenmähne bestehen. Sinn und Aufgabe dieser lang gezogenen Punkfrisur sind unklar, denn sie taugt weder als Tragegriff für die Mutter, noch ist sie als Wärmedeckchen vonnöten oder dient als optisches Erkennungssignal unter den Geschwistern. So spricht vieles dafür, dass wir es hier bei diesem flüchtigen Plüschjöppchen mit einem sog. Atavismus (»atavus« = lat. der Urahn) zu tun haben.

Vermutlich trat bei den Urahnen der Geparden eine längere Körperbehaarung auf.

Wer später einmal als schnellstes Landsäugetier der Welt auf der Gazellenjagd mit 120 km/h über die afrikanische Savanne fetzen will, der muss auch rechtzeitig für das richtige Schuhwerk sorgen. So können Geparden bis zum Alter von 5 Monaten mit ihren ausfahrbaren Krallen wie eine Hauskatze noch durchaus gut auf Bäume klettern. Dann erschlafft das elastische Band, welches die Krallen in der Krallentasche hält, und die Krallen berühren nun in Ruhestellung den Boden. Beim Sprint wirken sie dann wie die Spikes in den Schuhspitzen von 100-Meter-Läufern, die zudem noch sehr schnelle Drehbewegungen ermöglichen, wenn die Gazelle durch Hakenschlagen die Laufrichtung wechselt. Beim Zuschlagen auf die Hinterläufe des Beutetieres kann der Gepard aber die Krallen mit Hilfe der Streckmuskeln unter den Fingern weiter ausfahren, sodass die ursprüngliche Funktion der Katzenpfote wieder voll zum Tragen kommt. Die Gazelle wird durch den Schlag auf die Hinterläufe zu Fall gebracht.

Eine Gepardenmutter zieht ihre Jungen meistens alleine auf. Diese werden nach der erfolgreichen Jagd an die Beute herangeführt, und die Mutter zieht das Fell ab, wenn die Milchzähne der Jungen dieses noch nicht zu durchdringen vermögen.

OBEN: Während der ersten 8 Lebenswochen werden die Jungtiere von der Mutter sorgfältig in Felsen oder im dichten Dornbusch versteckt. Danach begleiten sie sie auf den Jagdausflügen im sicheren Abstand und sausen dann rasch zur frisch geschlagenen Beute.

RECHTS: Geparden zeichnen sich als tagaktive Jäger durch ein hervorragendes Sehvermögen aus. Die Pupille ist rund geformt. Wohlbefinden wird durch ein lang anhaltendes Schnurren ausgedrückt.

Puma

Der Puma, der auch als Kuguar, Berg- oder Silberlöwe bezeichnet wird, kam früher vom Norden Kanadas bis hinunter nach Feuerland in etwa 26 Unterarten vor. Die größten Exemplare findet man im nördlichen Patagonien und im Norden Kanadas. Entsprechend ihres riesigen Verbreitungsgebietes und der unterschiedlichen Lebensräume variieren diese kräftig gebauten Katzen, bei denen die Hinterbeine erheblich länger als die Vorderbeine sind, in der Färbung von leuchtend rotbraun bis silbergrau. Selbst Schwärzlinge kommen vor.

OBEN LINKS: Das Herumtollen im Pulverschnee ist für die kälteunempfindlichen Pumakinder purer Hochgenuss.

OBEN RECHTS: Junge Pumas weisen auf dem ganzen Körper und auch über den Augen eine Fleckzeichnung auf, die man als Prionailurus-Muster bezeichnet. Die Systematiker fassen unter diesem Begriff die Gattung der Altkatzen zusammen.

LINKS: Pumababys haben wie alle Groß- und Kleinkatzen in der Jugend blaue Augen und eine fast runde Pupille. Bei den anderen Kleinkatzen wird die Pupille bei Verengung spaltförmig wie bei unserer Hauskatze, beim Puma zieht sie sich kreisrund zusammen.

Obwohl ein ausgewachsener kanadischer Puma bis zu 100 kg wiegen kann, zählt er zu den Kleinkatzen und schnurrt, wenn er friedlich gesinnt ist, wie unsere Hauskatze. Der typische Schnurrlaut der Kleinkatzen wird durch ein knöchernes Zungenbein erzeugt. Bei den 4 Großkatzen, nämlich Löwe, Tiger, Jaguar und Leopard, ist das Zungenbein dagegen bindegewebig verbunden. Der Schneeleopard hält sich allerdings nicht an diese anatomische Einteilung und schnurrt als auch Großkatze.
Nach einer Tragzeit von 92–96 Tagen kommen meist 2–4, selten bis zu 6 Jungtiere auf die Welt, die etwa 400–500 g wiegen. Von der überaus lebhaften Fleckung des Jungtierfells bleiben bei den ausgewachsenen Tieren nur eine dunkle Ohrrückseite und ein breiter schwarzer Fleck über den Mundwinkeln erhalten. Kennzeichnend für den Puma ist ein relativ kleiner rundlicher Kopf und ein bis zu 90 cm langer Schwanz, der bei der Jagd zum Aussteuern der weiten Sprünge eingesetzt wird. Die Augen der Pumababys öffnen sich am 10. Lebenstag, und während der ersten 5 Wochen besteht ihre Nahrung ausschließlich aus Milch. In der Brunft geben Pumas ein hohes Pfeifen oder Kreischen von sich. Auf der Beuteliste stehen Säugetiere bis zu Hirschgröße, aber auch Vögeln stellt er erfolgreich nach.

Zebramanguste

Zebramangusten lieben es, eng aneinandergekuschelt im großen Knäuel zu schlafen, sodass von den Jungtieren meist nur die Köpfchen herausschauen.

Die südafrikanische Zebramanguste gehört zur Gattung der Mungos. Die tagaktiven Tiere leben gesellig in Gruppen von 6–20 Tieren und werden in Zoos und auch in Nationalparks recht zutraulich. Auf der gemeinsamen Suche nach Spinnen, Insekten und deren Larven werden Steine, Wurzeln, Erdlöcher und Grasbüschel genauestens durchstöbert, aber auch Früchte und Schlangen stehen auf der Speisekarte. Kleinsäuger wie Mäuse werden totgeschüttelt. Bei der Jagd halten Zebramangusten losen Kontakt und verständigen sich mit zwitschernden Stimmfühlungslauten. Dabei sind sie ständig auf der Sicherung nach oben, weil Greifvögel ihre Hauptfeinde sind. Es sind reine Savannenbewohner, Waldgebiete werden gemieden.

Zebramangusten werden mit ca. 9–10 Monaten geschlechtsreif, und die Weibchen bringen in einer mit Gras ausgepolsterten Kammer, meist in einem leer stehenden Termitenbau, 3–6 Junge zur Welt, die bei Geburt etwa 20 g wiegen. Nach 10 Tagen öffnen sie die Augen. Im Münchner Tierpark Hellabrunn bieten wir diesen überaus aktiven Schleichkatzen gerne Leckerbissen in einem mit mehreren Löchern angebohrten Straußenei oder in einem »Mungobeutel« an. Damit sind sie stundenlang beschäftigt.

Kalifornischer Seelöwe

Die spitzen Ohrzipfelchen weisen den Kalifornischen Seelöwen als Mitglied der Familie der Ohrenrobben aus. Seine Heimat sind die pazifischen Fels- und Sandküsten von Britisch-Kolumbien bis Mexiko. Die verkürzten Gliedmaßen sind zu Flossen umgewandelt, mit deren Hilfe Seelöwen pfeilschnell das Wasser durchpflügen. Dabei werden die Nasenlöcher durch Ringmuskeln verschlossen. Die Nahrung besteht in freier Wildbahn hauptsächlich aus Tintenfisch, im Zoo sind die Tiere leicht auf gefrorene Fische umzustellen.

Der Deckakt kann im Wasser und an Land stattfinden. Nach einer Tragzeit von 340–365 Tagen wird 1 Jungtier geboren, das bei Geburt ca. 6 kg wiegt und voll behaart und sehfähig auf die Welt kommt. Die Jungen werden ca. 6–8 Monate lang gesäugt und beginnen dann Fisch zu fressen. Das Schwimmen und Tauchen müssen sie allerdings erst mit der Mutter in der 3. Lebenswoche lernen und sich vorher eine dicke Fettschicht unter der

Kalifornische Seelöwen sind wie alle Robben zur Aufzucht ihrer Babys auf das Land angewiesen. Die Nasenöffnung kann beim Tauchen mit Hilfe spezieller Muskeln verschlossen werden.

Ein Kalifornisches Seelöwenweibchen genießt mit ihrem halbjährigen Sohn ein Sonnenbad. Wird es ihnen zu warm, tauchen sie sofort ins kühle Nass, da sie als superisolierte Speckrollen überflüssige Körpertemperatur nur über die Flossen abgeben können. Zwillingsgeburten sind sehr selten.

Haut anfressen. Dieser »Blubber« wirkt wie eine innere Isomatte gegen die Kälte des Wassers.

Als Clown und Artist unter den Robben ist der Kalifornische Seelöwe bei den Zoobesuchern besonders beliebt. Je nach Geschick und Können der Tierpfleger lernen die Tiere schon von klein auf die verrücktesten Kunststückchen, die sie dank ihrer geistigen Regsamkeit und hohen Beweglichkeit recht bald beherrschen. Auf kaum merkliche Handzeichen oder auf die Stimme ihres Dompteurs hin jonglieren sie mit Bällen, tauchen Ringe aus dem Wasser, machen Handstand, betteln klatschend mit den Vorderflossen oder geben auf Bitten hin ein penetrant nach Fisch riechendes Küsschen. Bewundernswert sind vor allem die Balancierungskünste, wobei sie den Gegenstand durch geschicktes Hin- und Herbewegen des Halses auf der Nasenspitze tanzen lassen. Dies alles funktioniert allein auf Belohnungsbasis in Form von kleinen Fischstückchen.

Elefant

Neben der Mutter, zu der das Elefantenbaby eine sehr innige Beziehung unterhält, kümmern sich in der Herde auch die älteren Geschwister als Tanten um die Kleinen (Asiatischer Elefant).

Elefantenbabys kommen im Gegensatz zu vielen anderen Tieren und auch zu uns Menschen mit einer speziellen Garantie gegen Langeweile auf die Welt. Zwar haben sie keine Wurfgeschwister wie Mäuschen oder Löwen. Ein Elefantenbaby hat aber schon zur Geburt gleichsam den Freibrief für einen Kindergartenspielplatz mit vielen gleichaltrigen Rabauken im Rüssel. Über dieses soziale Privileg entscheidet nicht etwa die Mutter allein, sondern der Club aller schwangeren Elefantenkühe im Rudel. Diese werden von einem eifersüchtigen Bullen in den besten Nahrungsgebieten des Dschungels eifersüchtig bewacht. Über den Zeitpunkt der Geburt kann jede einzelne Kuh bestimmen. Am Ende der Trächtigkeit von 22–24 Monaten kommen nämlich, auf für uns noch geheimnisvolle Weise, alle Babys des Clans innerhalb weniger Tage auf die Welt. Wissenschaftler vermuten, dass dabei geheime Duftbotschaften, sog. Pheromone, eine wesentliche Rolle spielen. Diese für die menschliche Nase nicht wahrnehmbaren flüchtigen Hormone, die über Schweißdrüsen verströmt werden, führen nun dazu, dass sich die eine Elefantenkuh mit der Geburt ein bisschen beeilt, während die andere noch damit wartet. So entsteht der gemeinsame Kindergarten, in dem die 1–7 Jahre alten Geschwister die Tantenrolle übernehmen

und als Kindergärtnerinnen dafür sorgen, dass die Rasselbande schön beieinanderbleibt und keinem der quecksilbrigen Flöhe ein Leid geschieht.

Das hat für alle Beteiligten große Vorteile. Denn so können die Elefantenmütter in aller Ruhe auf die Suche nach Futter gehen, das sie in großen Mengen brauchen, um die sehr eiweißreiche und fette Milch zu produzieren. Elefantenmilch hat einen Fettgehalt von 16 % und das Baby braucht davon ca. 20–30 Liter am Tag. Die Säugezeit dauert 2 Jahre. Natürliche Feinde haben Elefantenbabys ohnehin so gut wie keine, und nur kranke oder durch Würmer geschwächte Jungtiere fallen gelegentlich im indischen Dschungel dem Tiger oder in den afrikanischen Savannen dem Löwen zum Opfer.

Wenn wir an die manchmal schmerzliche Entfernung unseres ersten Milchzahns denken, so kann ein Elefantenbaby darüber nur lachen. Die Milch-Stoßzähne, die unseren oberen beiden Schneidezähnen entsprechen, werden zwar angelegt, aber noch vor der Geburt im Mutterleib schmerzlos abgestoßen. Der dann ab ca. 12 Monaten ständig nachwachsende wurzellose Stoßzahn wird nicht mehr gewechselt. Er wird wie bei den Nagetieren beim Einsatz als Werkzeug ständig abgenutzt.

Natürlich darf man als Elefantenbaby im Kindergarten nicht einfach nur so herumtollen, sondern muss eine Menge lernen. Schon in den ersten Stunden gilt es, bei der Mama die beiden Brüste zu finden, die sich im Gegensatz zu anderen Säugetieren nicht zwischen den Hinterschenkeln, sondern zwischen den Vorderbeinen verbergen. Dies erleichtert dem Baby das Saugen, bei dem es den Rüssel weit zur Seite biegen muss, um an die nahrhafte Milch zu kommen.

Der Rüssel als Universalwerkzeug entsteht durch das Zusammenwachsen der Nase und der Oberlippe und findige Anatomen haben hier ca. 36 000 Muskeln gezählt.

OBEN: Kleine Elefanten sind echte Wasserratten, die jede Pfütze nützen, um mit dem Rüssel und den Vorderbeinen ausgiebig herumzuspritzen. Das Euter liegt zwischen den Vorderbeinen der Mutter, und zum Säugen wird der kleine Rüssel nach oben seitlich abgedreht (Asiatischer Elefant).

RECHTS: Wenn so ein komischer Vogel wie ein Pfau plötzlich ein riesiges Rad schlägt und dann auch noch laut schreit, hilft nur die sofortige Flucht zwischen die schützenden Beine der Mutter (Asiatischer Elefant).

Przewalski-Urwildpferd

Beim Przewalski-Urwildpferd handelt es sich nicht, wie fälschlicherweise oft gemeint wird, um eine Rückzüchtung aus alten Hauspferderassen, sondern um ein echtes Wildpferd. Alle unsere Hauspferderassen, seien es schwere belgische Kaltblüter, Ponys oder Araber, stammen von diesem Urwildpferd ab. Die ersten Domestikationsnachweise fanden wohl 3000–3500 v. Chr. in Mitteleuropa und in der Ukraine statt.

Von unseren Hauspferden unterscheidet sich dieses Urwildpferd in vielen Merkmalen. Da fällt besonders die auch dem Zebra eigene Stehmähne ins Auge, die über den Rücken hin zum Schwanzansatz in einem dunklen Aalstrich ausläuft. Ein Schulterkreuz oder dessen Restzeichnung kann wie beim Halbesel vorhanden sein. Im Winterfell imponiert ein dichter Kinn- und Backenbart, den unsere steinzeitlichen Vorfahren in der Höhle von Niaux/Frankreich so trefflich in einer Felszeichnung verewigt haben. Die dunklen Mähnenhaare werden von hellen Hülsenhaaren eingefasst. Am Schwanzansatz finden sich bürstenartig kurze Haare, erst im letzten Drittel treten die für den Hauspferdeschwanz typischen langen Schwanzhaare auf. Das sieht in der Tat aus, als hätte an der Schweifrübe ein Mottenschwarm gewütet.

Bei einer Widerristhöhe von bis zu 146 cm wirkt der Rumpf, der auf kurzen, starkknochigen Beinen ruht, sehr gedrungen. Der kastenförmige Kopf wird von einem breiten, starken Hals getragen, der in eine flache Brust übergeht. Die Kruppe ist auffallend schmal und abgeflacht ausgebildet. Die Augen sind von spärlichen weißen Haaren ringförmig umschlossen, und die gewölbte Ramsnase geht in eine leuchtend weiß gefärbte Nasenspitze über, die man als »Mehlnase« bezeichnet. Je nach Jahreszeit herrscht eine fahlgelbe bis rötlichbraune Fellfarbe vor, wobei die Unterseite des Bauches strahlend weiß abgesetzt ist. Dies bezeichnen wir als »Schwalbenbauch«. In der Höhe der Fesselgelenke findet sich oft eine schmale dunkle Zebrastreifung, während die

Beine zehenwärts schwarz gestiefelt sind. Insgesamt ergibt sich so ein sehr bunt wirkendes Tier.

Der Münchner Tierpark Hellabrunn ist für seine Przewalski-Urwildpferdzucht weltberühmt, da hier keine Hauspferde eingekreuzt wurden. Seit 1976 konnten dank einer gezielten Zuchtprophylaxe über 100 Fohlen aufgezogen werden. Gemeinsam mit den Zoos von Nürnberg, Cottbus, Askania Nova, San Diego, dem Nationalpark Bayerischer Wald und Privatzüchtern wurde 2005 eine Zuchtgemeinschaft dieser reinblütigen A-Linie ins Leben gerufen. Ihr Ziel ist es, dieses prachtvolle Wildpferd im Altyn-Emel-Nationalpark in Kasachstan wieder einzubürgern. Die ersten Fohlen wurden dort 2007 geboren und von den Stuten erfolgreich aufgezogen.

Die Fohlen kommen nach einer Tragzeit von etwa 340 Tagen auf die Welt und wiegen bei Geburt ca. 30 kg. Die meisten werden im Frühjahr geboren und von der Stute 7–8 Monate gesäugt.

OBEN: Im Jahre 1879 wurde dieses bunt gezeichnete Przewalski-Urwildpferd von dem russischen Forscher M. M. Przewalski in der Mongolei entdeckt und ihm zu Ehren benannt.

LINKS: Der Münchner Tierpark Hellabrunn ist weltberühmt für seine blühende Przewalski-Urwildpferdzucht.

Zebra

OBEN: Wie der Daumenabdruck der menschlichen Hand ist die Streifung der Zebras individuell so verschieden, dass keines wie das andere aussieht. Die Mitglieder eines Familienverbandes erkennen sich gegenseitig an der Streifenzeichnung (Hartmann-Bergzebra).

RECHTS: Je weiter südlich das Ursprungsgebiet der Zebra-Unterarten, desto weniger kontrastreich wird die Schwarz-Weiß-Streifung, wobei zusätzliche bräunliche Streifen auftreten (Chapmannzebra).

Charakteristisch für Steppenzebras ist die pferdeartige Gestalt, eine Stehmähne, der die Stirnlocke fehlt, und die sehr unterschiedliche Streifung, die im Norden des großen Verbreitungsgebietes dunkler und stärker ausgeprägt ist als im Süden. Dort wird die Grundfarbe zunehmend gelblichbräunlich, wobei es zur Ausbildung von Zwischenstreifen kommt, während die Streifung der Beine und des Rumpfes verringert wird. Entsprechend unterscheidet man heute 6 Unterarten des Steppenzebras. Vom Sozialverhalten her kennt man bei den Steppenzebras einmal die Familiengruppen, die aus 1 Hengst, mehreren Stuten und deren Fohlen bestehen und ca. 8–10 Köpfe umfassen. Daneben gibt es Hengstgruppen aus 2–15 Tieren. Die Tiere im Familienverband erkennen sich gegenseitig an der Streifung, denn kein Zebra sieht aus wie das andere. Die erwachsenen Stuten einer Familiengruppe bleiben stets zusammen, nur die Jungstuten werden im Alter von ca. 1 ½ Jahren von anderen Hengsten zur Bildung einer neuen Familiengruppe entführt. An der Spitze der Familiengruppe steht der Hengst, dem sich die Stuten freiwillig anschließen.

Über die scheinbar auffällige Streifung von Zebras ist viel gefachsimpelt worden. Tatsächlich lösen sich dadurch die Körperumrisse in der flirrenden Steppenluft der Tageshitze so auf, dass die Tiere für den Hauptfeind, den Löwen, schlechter sichtbar werden. Eine andere Theorie besagt, dass die Streifung einen vorzüglichen Schutz gegen blutsaugende Stechfliegen darstellt. Einfarbige Hauspferde werden von Stechfliegen ärger heimgesucht als Zebras. Wenn man Zebras mit einer Wärmebildkamera aufnimmt, so zeigt sich ein deutlicher Unterschied der Obenflächentemperatur zwischen weißen und schwarzen Streifen, wobei die schwarzen Streifen sehr viel wärmer sind. Bei einem Test im Münchner Tierpark Hellabrunn haben wir blinde Kinder ein narkotisiertes Zebra streicheln lassen und alle konnten den Temperaturunterschied fühlen. Sehr wahrscheinlich dient die Streifenfärbung auch zur Wärmeregulation des Körperhaushaltes.

Da Zebras an Wasser gebunden sind, unternehmen sie zu Beginn der Regenzeit ausgiebige Wanderungen, um an das mit dem Niederschlag nachwachsende Steppengras zu kommen. So entstehen Aktionsräume von 80 bis mehreren 1000 km^2 Größe. Während der Wanderung bevorzugen sie zum Übernachten offenes, übersichtliches Gelände mit kurzem Graswuchs. Zum Schutz vor Löwen wechseln sich ältere Tiere mit der Bewachung ab und warnen den Familienverband rechtzeitig, wenn Gefahr droht. Beim Kampf um eine brünftige Stute zeigen Zebrahengste häufig das Kampfkreiseln, wobei sie sich umeinander herumdrehen und versuchen, sich gegenseitig in die Beine zu beißen. Obwohl Zebras mit ihren Eckzähnen empfindlich zubeißen und ihren Rivalen schwer verletzen können, setzen sie sich gegen Löwen oder Hyänen nie-

Das mit seinen großen Ohren eselartig anmutende Grevyzebra unterscheidet sich durch die kontrastreiche enge Streifung von den Steppenzebras.

mals durch Beißen zur Wehr, sondern wählen stets eine möglichst große Sichtdistanz zum Angreifer.
Nach einer Trächtigkeitsdauer von ca. 1 Jahr kommt immer nur 1 Fohlen auf die Welt, das ca. 30 kg wiegt. Dieses entwöhnt sich von der Mutter mit ca. 6–8 Monaten und erlangt die Geschlechtsreife mit 2 Jahren. Innerhalb von 7–10 Tagen nach der Geburt wird die Stute wieder rossig und vom Hengst gedeckt. Zebrastuten sind mit etwa 2½, Hengste aber erst mit 4–5 Jahren fortpflanzungsfähig. Im Zoo benötigen Zebras großflächige Gehege, da vor allem die Fohlen sich gerne wilde Verfolgungsjagden liefern. Ins spielerische Treiben können durchaus andere Tiere auf der Anlage mit einbezogen werden, da gerade Zebrafohlen die Neigung haben, allem, was sich bewegt, hinterherzulaufen. So kann dies auch ein Plastikeimer sein, mit dem man Fußball spielt, oder ein Pfau, den man verscheucht. Während der ersten Lebenstage bleibt das Fohlen eng bei der Mutter.

Kiang

Von den 5 Unterarten des asiatischen Wildesels, die alle äußerst bedroht sind, ist der Tibetanische Kiang die größte und am kontrastreichsten gezeichnete. Beim Liebesvorspiel sind Kianghengste wilde Gesellen, welche die auserwählte Stute hartnäckig verfolgen. Wenn diese noch nicht voll paarungsbereit ist, wehrt sie den Hengst mit heftigen Schlägen mit den Hinterbeinen gegen die Brust ab, und es ist ein faszinierendes Naturschauspiel, mit welch minimalen Kopfbewegungen der Hengst dann im vollen Galopp den Schlägen mit dem empfindlichen Unterkiefer ausweicht. Trotz des Huftrommelfeuers bleibt der Kopf des Hengstes unverletzt, da er die Schläge mit der Brust und dem Halsansatz abfängt.

Entsprechend dem kärglichen Nahrungsangebot in den Halbwüsten, Wüsten und Hochgebirgen seines Verbreitungsgebietes beträgt die Territoriumsgröße des Kiangs mehrere Hundert Quadratkilometer. Die territorialen Hengste tolerieren in ihren Lebensräumen andere erwachsene Hengste, die sich aber unterlegen verhalten. Zu harten Auseinandersetzungen kommt es nur, wenn rossige Stuten im Grenzbereich durchziehen. Die Fohlen, die nach einer Tragezeit von 1 Jahr mit ca. 25 kg auf die Welt kommen, werden ca. 8 Monate lang gesäugt.

In den ersten Lebensmonaten folgt das Kiangfohlen der Mutter wie ein Schatten. Dies ist der beste Schutz gegen hungrige Wölfe.

Riesenesel

Der Urahn unserer Hauseselrassen ist der afrikanische Wildesel und aufgrund der geringen Beinstreifung und dem bei vielen Hauseseln noch erhaltenen Schulterkreuz vermutlich die nubische Unterart. Im Zweistromland wurde er ca. 3500 v. Chr. erstmals domestiziert. Während der Wildesel in seinem nordafrikanischen Verbreitungsgebiet bis auf geringe Reste in den Küstengebieten des Roten Meeres in Eritrea und im Sudan ausgerottet ist, züchtete man aus der graubeigen Wildform graue, weiße, schwarze und in China sogar gescheckte Hausesel.
In der Größe variieren Hausesel beachtlich. So finden wir sehr zierliche ceylonesische Zwergesel sowie eine weitere Kleinform in Irland, während die edlen und teuren Maskatesel aus Südarabien und dem Jemen Pferdegröße erreichen können. Weitere Großformen haben wir mit dem Martina-Franca-Esel und dem Poitou-Esel aus Frankreich vor uns. Letztere wurden vornehmlich zur Zucht von Maultieren eingesetzt, die früher als sehr zähe und ausdauernde Lasten- und Reittiere beliebt waren. Wenn man eine Pferdestute mit einem Eselhengst kreuzt, entsteht das Maultier, die Nachkommen von Eselstute mit Pferdehengst bezeichnet man dagegen als Maulesel. Letztere sind relativ selten. Beide Kreuzungsformen sind in der Regel steril, da die Chromosomenzahl von Hauspferd und Esel nicht übereinstimmt.
Maultiere wurden früher wegen ihrer Zähigkeit und Kraft im Grubenbau sowie wegen ihres sicheren Passganges auf steilen Saumpfaden in den Alpen eingesetzt. Mit dem zunehmenden Trekking-Tourismus begegnet man heute in Nepal z. B. wieder langen Maultierkarawanen, die hier als Getränketransporteure für Touristen eine neue Daseinsberechtigung gefunden zu haben scheinen.
Die eigentliche Heimat des Hausesels ist der Mittelmeerraum, über den Alpenhauptkamm kam er erst im Mittelalter zu uns. Hier hat er sich aber nie recht heimisch gefühlt, da er Feuchtigkeit und Kälte weniger gut verträgt als das Pferd. Wenn er dazu noch schlecht gefüttert wird, schlägt es unserem Eselchen aufs Gemüt, und oft steht er dann mit hängenden Ohren scheinbar stumpfsinnig herum. Dies hat ihn wohl denn auch zum sprichwörtlichen Vertreter der Dummheit gemacht, obwohl Esel sicherlich dieselben geistigen Fähigkeiten besitzen wie Pferde. Zumindest pflegen Esel, wenn sie erschrecken, nicht so kopflos zu reagieren wie Pferde, die beim Scheuen durchgehen. Dafür zeigt er seinen ihm eigenen Charakter, wenn er beim Arbeiten plötzlich widerwillig stehen bleibt, schlägt und beißt oder sich neben der Deichsel auf den Boden wirft.
An die Nahrung stellt ein Esel wenig Ansprüche und verzehrt selbst ausgedorrte Disteln. Nur bei der Wasseraufnahme ist er heikel, da er wie sein Urahn nie von trübem Wasser trinken soll. Der Esel war früher stets das Arbeitstier der armen Leute im Gegensatz zum höfischen Pferd. Seine Verbundenheit mit dem einfachen Volk demonstriert Christus auf sehr geschickte Weise, indem er in Jerusalem auf einem Esel reitend einzieht. Schon früher, nämlich in der griechischen Mythologie, reitet Dionysos, der Gott des Weines, auf einem Esel. Im ostafrikanischen Raum sind auch Somaliwildesel in den Hausesel eingekreuzt worden, weil die Afar-Nomaden in der Wüste Danakil nachts ihre rossigen Eselstuten in der Nähe von Wasserstellen anbinden, um sie von Wildeselhengsten decken zu lassen.

LINKS: Von wegen dummer Esel! So neugierig und aufgeweckt, wie das kleine Rieseneselfohlen Witterung aufnimmt und wachen Auges die Umgebung mustert, steht es einem Pferd mit seinen Sinnesleistungen sicherlich nicht nach.

RECHTS: Wie alle Pferdeartigen bringt auch der Hausesel immer nur 1 Fohlen auf die Welt, das bei der Geburt ca. 25 kg wiegt.

Schabrackentapir

Mit dem Schabrackentapir haben wir in der Tat ein lebendes Fossil vor uns, das sich seit dem Tertiär so gut wie nicht verändert hat. Die auffällige weiße Flecken- und Streifenzeichnung auf schwarzem Grund des Jungtieres erinnert daran, dass die Urahnen der Tapire in grauer Vorzeit vermutlich alle diese Färbung trugen (siehe auch S. 59, Atavismus beim Geparden).

Der Schabrackentapir ist die größte Tapirart, die am überhöhten Hinterrücken 90–105 cm messen kann und über 350 kg schwer wird. Mit etwa 150 Tagen verliert sich die Jungtierzeichnung, und hinter den Vorderläufen bis hin zur Kruppe bildet sich die weißsilberne »Schabracke« aus. Bei Geburt sind bei dieser Unterart die ersten Milchzähne bereits durchgespitzt, während mit etwa 9 ½ Monaten die ersten hinteren Backenzähne des Dauergebisses zum Vorschein kommen. Mit etwa 8 Monaten löst sich das Jungtier von der Mutter. Die Tragzeit beim Tapirweibchen beträgt 390–403 Tage, wobei immer nur 1 Fohlen auf die Welt kommt, das zwischen 6,4 und 10,2 kg wiegt. Die Geschlechtsreife erlangt der Tapir mit etwa 3 Jahren.

Die in unseren Breiten auffallende Schabrackenzeichnung dient in seiner südostasiatischen Heimat im dichten Urwald vor allem nachts, wenn Tiger und Leopard auf der Jagd sind, der Auflösung der Körperumrisse (Somatolyse) und stellt somit eine vorzügliche Tarnfarbe dar.

Tapire sind reine Pflanzenfresser, die mit ihrer sehr beweglichen rüsselartigen Nase, die durch Zusammenwachsen von Nase und Oberlippe entstanden ist, geschickt Blätter, Früchte und Gräser aufnehmen können. Der Geruchssinn ist besser ausgebildet als der Gesichtssinn, sodass sich das Tier bei der Futtersuche von diesem leiten lässt. Zur Regulierung und zum Schutz vor lästigen Stechfliegen nehmen Tapire gerne ausgiebige Bäder in Flüssen und Schlammlöchern, zumal sie vorzüglich schwimmen können. Der Nasenrüssel wird dann wie beim Elefanten als Schnorchel

nach oben gehalten. Auf dem Weg zum Wasser legt der Tapir regelrechte Wechsel an und markiert sein Revier durch Verspritzen von Harn, der in großen weißlichen Wolken zwischen den Beinen herausgestäubt wird. Diese Markierungsstellen sind im Zoo an den Stallwänden gut zu sehen. Wie die Nashörner und die Pferde zeigt auch der Tapir das typische Flehmen. Dabei wird vor allem der Urin von paarungsbereiten Weibchen intensiv berochen, wobei der Kopf angehoben und die Zunge in der Mundhöhle herumgeführt wird. So gelangen die im Urin befindlichen Geschlechtsduftstoffe (Pheromone) zur Ausgangsöffnung des sog. Jakobsonschen Organs, das im Rachendach liegt und entwicklungsgeschichtlich ein uraltes Sinnesorgan darstellt, das uns Menschen fehlt. Bei Erschrecken, aber auch als Schmerzäußerung stoßen Tapire einen schrillen Pfiff aus und können sich auch durch Klicklaute vor allem bei der nächtlichen Orientierung verständigen.

OBEN: Tapire sind reine Pflanzenfresser, die sehr gerne saftiges Futter aufnehmen. Da der Kot in freier Wildbahn stets hart geformt ist, sollte man den Anteil des Saftfutters im Zoo nicht übertreiben, sondern für ausreichend rohfaserhaltige Nahrung sorgen.

LINKS: Die Frischlingsfärbung junger Tapire ist gleichsam eine Erinnerung an uralte Zeiten, da diese Färbung von den Urahnen genetisch überliefert ist. Mit seinem sehr beweglichen Rüssel, der nicht knöchern gestützt ist, vermag der Tapir überaus geschickt einzelne Halme und Gräser aufzunehmen.

Indisches Panzernashorn

RECHTS: Panzernashornbabys sehen aus, als seien sie aus Marzipan gedrechselt. Beim richtigen Umgang werden sie schon früh sehr vertraut und legen auf Schmuseeinheiten großen Wert.

UNTEN: Völlig entspannt und sicher zwischen den mütterlichen Beinen eingekuschelt, schläft das Kalb nach einer ausgiebigen Milchmahlzeit. Ab dem 4. Lebensmonat werden spielerisch die ersten Grashalme aufgenommen, ab dem 6. Monat frisst das Jungtier voll mit, wird aber bis zu 18 Monate gesäugt.

Das Indische Panzernashorn zählt mit seinen gigantischen Körpermaßen bei einer Widerristhöhe von 185 cm und einem Gewicht von über 2 t bei den Bullen zweifellos zu den eindrucksvollsten Tiergestalten. Charakteristisch sind die mit schwieligen, warzenähnlichen Borken gesetzten mächtigen Panzerplatten, die vor allem aggressive Bullen bei den Rivalenkämpfen schützen sollen. Panzernashörner haben nämlich im Gegensatz zu ihren afrikanischen Vertretern 2 hauerartige, rasiermesserscharf zugeschliffene Schneidezähne im Unterkiefer, die mit einer ruckartigen Bewegung des schweren Schädels eingesetzt werden. Gelingt es einem der Rivalen, einen Hauer unten in die Hautfalte eines der großen Hautschilder einzuhaken und dann den Kopf hochzureißen, entstehen fürchterlich klaffende Wunden. Derart schwer verletzte Tiere haben keine Überlebenschance, da sich zum einen die Wunde infiziert und zum anderen sich innerhalb weniger Stunden Krähen auf dem Nashorn versammeln und beginnen, im Flug Fleisch aus der Wunde herauszupicken. Der gepanzerte Gigant geht relativ bald an Stress und Erschöpfung ein.

Seine Hauer weiß das Panzernashorn aber auch gegen Feinde einzusetzen. So griff im Kaziranga-Schutzgebiet ein von Wilderern angeschossenes Exemplar einen Reitelefanten an und zerfetzte dem Mahout die Oberschenkelarterie. Im Zoo sind Panzernashörner aber außerhalb der Brunft friedliche Gesellen, die bei richtiger Pflege sehr zahm und zutraulich werden. Das namensgebende Horn, das nicht knöchern mit dem Gesichtsschädel verbunden ist, besteht gleichsam aus zusammengeklebten Haaren und wird durch Scheuern gegen Baumstämme scharf gehalten.

Nashörner besitzen insofern ein besonderes Paarungsverhalten, als der Bulle auf der brünstigen Kuh bis zu 1 ½ Stunden reitend verbleibt. Dies dürfte der Grund sein, warum noch heute in abergläubischem Wahn die Tiere gewildert werden, um an das Horn als Potenzmittel heranzukommen. Bei einem Geburtenabstand von ca. 3 Jahren beträgt die Tragzeit des Nashornweibchens 480 Tage, und das Jungtier kommt mit ca. 70 kg Geburtsgewicht auf die Welt.

Trampeltier und Dromedar

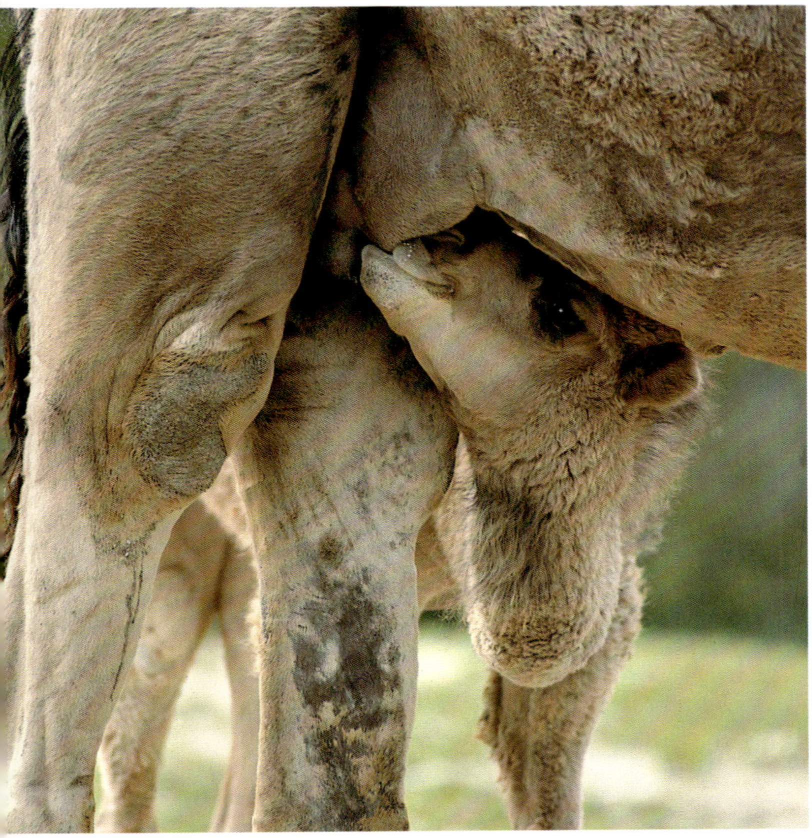

Das asiatische Trampeltier entscheidet sich vom afrikanischen Dromedar optisch dadurch, dass es 2 Höcker hat. Wer sich dies schlecht merken kann, dem hilft eine einfache Eselsbrücke: Das auf der bekannten Zigarettenmarke »Camel« abgebildete Tier ist ein Dromedar. Während wilde Trampeltiere in spärlichen Restbeständen im Teil A der Wüste Gobi in der Mongolei noch vorkommen, ist die Wildform des Dromedars ausgestorben.
Die stämmigen Trampeltiere sind die typischen Last- und Reittiere der alten Seidenstraße, die durch die innerasiatischen Wüsten und Halbwüsten zogen. An deren extreme Klimaschwankungen sind sie bestens angepasst, sodass ihnen die sommerliche Hitze von +50 °C genauso wenig ausmacht wie die winterliche Kälte von ca. −30 °C. Die asiatischen Nomaden nutzen von dem Tier praktisch alles: Fleisch, Milch und Wolle sowie den getrockneten Kot als Brennmaterial. Ähnliches gilt für das afrikanische Dromedar, das als Wüstenschiff 17 Tage ohne Wasser auszukommen und dabei noch die schweren Lasten auf den Handelspfaden quer durch die mörderische Sahara zu tragen vermag. Ein Dromedar hält einen Wasserverlust von bis zu 30 % des Körpergewichtes aus und kann nach langem Dürsten innerhalb von 10 Minuten bis zu 135 l Wasser trinken. Beide Arten sind kreuzbar, die Mischlinge werden Tulu genannt und besitzen nur 1, aber allerdings sehr großen Höcker, der an der Spitze eine Vertiefung tragen kann. Beide Arten sind in der Lage, bis zu 290 kg zu tragen, auf Kurzstrecken sogar mehr als 500 kg.
Die Tragzeit dauert beim Trampeltier mit 370–440 Tagen etwas länger als beim Dromedar, das selten länger als 290 Tage trägt. Zwillingsgeburten sind extrem selten. Während der Brunstzeit sind die erwachsenen Hengste mit Vorsicht zu genießen. Beide Arten stülpen dann laut gurgelnd den sog. Brüllsack zum Imponieren seitlich aus dem schäumenden Maul und verspritzen ihren Urin.

OBEN LINKS: *Dromedarstuten geben am Tag 20 l und mehr Milch, die sehr reich an Vitamin C ist.*

OBEN RECHTS: *Dromedarfohlen mit den charakteristischen langen Beinen und einem Höcker.*

LINKS: *Im 1. Lebensjahr liefert das Trampeltierfohlen die feinste Wollqualität. Beide großen Kamelidenarten sind Passgänger.*

Alpaka

Nach dem heutigen Stand der Domestikationsforschung stammt das Lama vom Guanako und das zierlichere Alpaka vom Vikunja ab. Dafür sprechen die unterschiedlichen Schmelzverteilungsmuster auf den Schneidezähnen, Unterschiede im Bau des Fußskeletts und der Feinheit der Wolle sowie DNS-Unterschiede. Alle 4 südamerikanischen Kleinkameliden lassen sich miteinander kreuzen. Die feinere Wolle haben die Wildformen, wobei der Durchmesser des Vikunjahaares 12 µm, der des Guanakos 16 µm beträgt. Beim Alpaka misst man 17,9 µm und beim Lama 22 µm.

Man nimmt an, dass die Domestikation des Guanakos vor ca. 5 500 Jahren in den südlichen und zentralen Anden begann und vor 2 500 Jahren abgeschlossen war. Während das größere Lama von den Indios vorwiegend zur Lastenbeförderung benutzt wird, wird das Alpaka hauptsächlich wegen seiner Wolle gehalten. Die Rasse Huacaya liefert eine mittelfeine, die Suri eine sehr feine Wolle. Wie wir von Wollresten aus Grabfunden wissen, gab es in der vorkolumbianischen Zeit noch andere Rassen, deren Wolle mit der heutigen nicht vergleichbar ist. Vermutlich waren die Züchter mit deren Wollqualität nicht zufrieden und ließen sie aussterben.

Der Deckakt findet wie bei allen Kameliden im Liegen statt, wobei Männchen wie Weibchen quietschende Laute von sich geben. Nach einer Tragzeit von 242–345 Tagen wird meist 1 Jungtier mit einem Geburtsgewicht von 8–9 kg geboren. Es wird vom Muttertier 6–8 Monate gesäugt und erlangt die Geschlechtsreife mit etwa 2 Jahren.

Ein erbostes Alpaka macht ein Drohgesicht, indem es die Ohren zurücklegt und dann den Störenfried mit einer großen Wolke von stinkendem Pansensaft einhüllt. Wie wir im Tierpark Hellabrunn beobachten konnten, ist dieser Spuckreflex angeboren. Denn selbst junge Alpakafohlen, die noch gar keinen Pansen entwickelt haben, weil sie nur Milch aufnehmen, setzen diese Drohmimik ein. Lustig ist dann zu sehen, dass sie auch versuchen, den noch gar nicht vorhandenen Pansensaft hochzuwürgen, aber dann bleibt ihnen einfach »die Spucke weg«.

Alpakas werden in Höhen von 4 000–4 700 m vor allem in Peru gehalten. Der Kot wird von allen Tieren immer auf einem großen Haufen abgelegt, der ein wichtiges Brennmaterial liefert.

Frischgeboren und noch nass hinter den Ohren, nimmt ein Alpakafohlen mit großen Augen und prüfend erweiterten Nüstern erste Umweltkontakte auf. Sobald die Mutter es trockengeleckt hat, wird die Suche nach der Milchquelle beginnen.

Die Wolle der Surialpakas, die jährlich 4–5 kg davon liefern können, ist in der Qualität mit der von Feinwollschafen vergleichbar.

Vikunja

Mit dem Vikunja, das wie alle Neuweltkamelarten keinen Höcker trägt, haben wir die kleinste und zierlichste Form der Kleinkameliden vor uns. Dank ihres schlanken und feingliedrigen Körperbaus wirken die Tiere in ihren Bewegungen besonders grazil und anmutig, und wenn beim Hakenschlagen aus dem vollen Galopp heraus die 20–30 cm lange Mähne aus seidig weißen Haaren in die Gegenrichtung flattert, geht jedem Tierfreund das Herz auf. Ihr Lebensraum sind die südamerikanischen Hochanden mit ihren Steppengebieten auf Höhen von 3700–5500 m. Um hier überleben zu können, haben Vikunjas ein sehr großes Herz entwickelt, dessen relatives Gewicht fast 50 % über der Norm gleich großer anderer Säugetiere liegt.

Vikunjas liefern die feinste Wolle der Welt und werden heute wieder, wie früher von den Indios, zur Schur in großen Steincoralen eingefangen und dann wieder in die Freiheit entlassen. Ihr gegenwärtiger Bestand in den Nationalparks und Schutzgebieten beträgt ca. 130 000 Tiere. In Zoos züchten sie gut und regelmäßig nach. Die ortstreuen Familiengruppen werden von einem Leithengst geführt, der seine Familie eifersüchtig verteidigt. Nach einer Tragzeit von 330–350 Tagen werden die Jungtiere mit 4–6 kg Geburtsgewicht geboren und dann 6–8 Monate lang gesäugt. Geschlechtsreif werden sie mit 2 Jahren. Der Kot wird vom Rudel gemeinsam auf große Haufen abgegeben und dient den Indios als Brennstoff. Vikunjahengste können im Zoo recht aggressiv werden.

Die feinste Wolle im ganzen Tierreich haben die plüschigen Vikunjafohlen.

Pinselohrschwein

Wie vom Maskenbildner herausgeputzt präsentiert sich der prächtige Eber beim sozialen Kontaktruhen inmitten seiner Familie. Die imposante Gesichtsmaske und die langen weiß umrandeten Pinselohren, die dem in West- und Zentralafrika beheimateten Buschschwein den Namen gegeben haben, dienen zusammen mit der prächtig roten Haarfärbung zum Imponieren bei innerartlichen Auseinandersetzungen. In Zoos sind Pinselohrschweine heikle Pfleglinge, da die Bachen und auch die Jungtiere auf jegliche Störung sehr empfindlich reagieren. Nach einer Tragzeit von 120–127 Tagen werden bis zu 4, selten 6 Ferkel geboren, die etwa 650–900 g wiegen. Als Prachtkeiler können sie später bis zu 120 kg auf die Waage bringen.

Sie leben in Gruppen von 2–12 Tieren, selten auch in Ansammlungen von bis zu 100 Exemplaren, im Dickicht, der Waldsavanne und im Sumpf und beanspruchen eine Reviergröße von bis zu 10 km². Nach Schweineart durchwühlen sie mit ihrem kräftigen Rüssel auf der Suche nach pflanzlicher und tierischer Nahrung den Boden, wobei ihnen ihr ausgezeichneter Geruchssinn entgegenkommt. Besonders den Jungtieren stellen neben den Menschen Leopard, Löwe, Tüpfelhyäne, Adler und Felsenpython nach.

Wie die Orgelpfeifen nebeneinander aufgereiht, genießt Familie Pinselohrschwein beim gemeinsamen Kuscheln die gegenseitige Körperwärme. Beim Knacken von Nüssen werden die Schalen mit der Zungenspitze fein säuberlich ausgespuckt.

Flusspferd

Wenn ein dick behäuteter graurosa Dreitonner aus dem meist von Kot dunkel verfärbten Wasserbecken in einem Zoo auftaucht und das Maul mit seinen imposanten Hauern scheunenweit aufreißt, so weiß der Tierpfleger sehr wohl, dass er keine Angst zu haben braucht. Denn aus dieser Drohgeste, mit der sich Flusspferdbullen gegenseitig imponieren, ist im Zoo eine Bettelgeste geworden, die sich mit 2 Laib Brot rasch befriedigen lässt. Ansonsten geht man den rasiermesserscharf zugeschliffenen Hauern allerdings besser aus dem Wege.

Trotz ihres Namens sind Flusspferde nicht mit den Pferden, sondern mit den Schweinen verwandt. Die Paarung findet – wie die Geburt nach einer Tragzeit von ca. 8 Monaten – im Wasser statt. Das Jungtier, das schon mit stattlichen 50 kg auf die Welt kommt, wird explosionsartig wie ein Sektkorken ausgetrieben, um dann sofort an die Oberfläche aufzutauchen. Hier öffnen sich die Nasenlöcher erstmalig, während durch die Presswehen der Mutter und das Strampeln des Neugeborenen die Nabelschnur abreißt. Das Junge saugt dann unter Wasser an den kegelförmigen beiden Zitzen und ist nach 6–8 Monaten entwöhnt. Es ist zwar ein typischer Nestflüchter, hält sich aber stets in der Nähe der Mutter auf, die es sorgfältig bewacht. Erste Landausflüge mit ihr zusammen unternimmt es im Zoo bereits in den ersten Lebenswochen und beginnt dabei an Grashalmen mitzuknabbern. Im Alter von ca. 3 Monaten lässt man Mutter und Kind wieder zur Gruppe.

In freier Wildbahn scharen sich Flusspferde zu Gruppen unterschiedlicher Größe zusammen und verbringen die Hitze des Tages gerne im Wasser oder in Wassernähe. Bei Tieren, die ein Sonnenbad nehmen, bilden sich auf der Haut zartrosafarbene Schleimtröpfchen, die vermutlich vor stechenden Insekten schützen. Nachts ist Weidegang zur Nahrungssuche angesagt, wozu sie kilometerlange Wanderungen zu den Weidegründen unternehmen und stets dieselben Wechsel benutzen. Diese werden durch große Kothaufen markiert, wobei der weiche abgesetzte Kot mit dem Stummelschwanz breitflächig wie von einem Güllewagen verteilt wird. Im Ökosystem ihres Biotops spielen sie eine wichtige Rolle, da der ballastreiche Kot auch im Wasser abgesetzt wird und hier die Nahrungsgrundlage für sehr viel Plankton bildet. Flusspferdgewässer sind daher immer sehr fischreich. An Land ruhende Flusspferde werden gern von Kuhreihern besucht, die auf ihnen Insekten und Zecken abpicken. Unter Wasser übernimmt ein bis zu 50 cm langer Fisch, der Fransenlipper, das Absammeln von Blutegeln. Von dieser Putzsymbiose über und unter Wasser profitieren beide Seiten.

Wenn in Afrika mehr Menschen durch Flusspferde als durch Löwen, Büffel und Elefanten zusammen getötet werden, so mag das damit im Zusammenhang stehen, dass von Fischerbooten hochgeschreckte Flusspferde diese umstürzen und die Insassen ertrinken, weil sie nicht schwimmen können. Außerhalb der Brunft sind auch große Flusspferdbullen dem Wärter gegenüber verträgliche Geschöpfe, die gerne getätschelt werden. Flusspferde können bis zu 50 Jahre alt werden und auch im fortgeschrittenen Alter noch fruchtbar sein. So brachte »Rosa«, die 33 Jahre im Münchner Tierpark gelebt und mehrmals nachgezogen hatte, nach der Umsiedlung in den Zoo von Itatiba/Brasilien noch im fast biblischen Alter von 39 Jahren ein gesundes Jungtier zur Welt.

LINKS: Wenn die kleine Speckwalze mit ca. 3 Monaten trittsicher geworden ist, folgt sie der Mama an Land und fängt dann an, Früchte und Pflanzen mitzufressen.

RECHTS: Augen, Ohren und die verschließbaren Nasenöffnungen liegen beim Flusspferd auf einer Höhe, sodass es im Wasser aus geschützter Position heraus stets rundum sichern kann. Flusspferdbabys saugen nur unter Wasser.

Elch

Die etwas spitzfindig klingende Frage, was so zarte Geschöpfe wie Elchzwillinge ausgerechnet mit einem Wirbelsturm und der Motorsäge zu tun haben, wird so manche Naturfreundestirn zum Runzeln bringen. In der Tat ist es aber so, dass durch Windbrüche oder Abholzaktionen große Kahlflächen entstehen, auf denen rasch eine Sekundärflora heranwachsen kann, wie sie sich der größte Vertreter der Familie der Hirsche besser nicht wünschen könnte. Denn auf diesen Flächen bietet sich dem naschhaften Elch mit Pflanzen und Kräutern wie Pippau, Gilbweiderich, Weideröschen, Giersch, Brombeere und Himbeere ein Tischleindeckdich mit sehr mineralstoff- und eiweißreichem Futter. Durch dieses überreichliche Futterangebot schnellen Zwillingsgeburten ebenso in die Höhe wie die Anzahl der nachgezogenen weiblichen Kälber. Der Elch wird also zum Kulturfolger.

Will nun der Tiergärtner seinerseits solche Zuchterfolge in Menschenobhut nachvollziehen, so hat er dabei reichlich die Gelegenheit, seinerseits die Stirne runzeln zu müssen. Denn die Nachzucht und vor allem die Aufzucht von gesunden und frohwüchsigen Zwillingskälbern erfordert sehr viel Erfahrung an Futtertechnik und Futterqualität sowie ein hohes Maß an Fingerspitzengefühl beim Tierpfleger. Erschwerend kommt hinzu, dass der Elch seine Fütterung im Winter von den saft- und eiweißreichen Pflanzen auf die harzige Rinde von Kiefern und Birken umstellt und dazu seinen Gesamtstoffwechsel stark reduzieren muss. Dabei baut er nicht nur Fettreserven, sondern auch Muskulatur ab. Zu eiweißreiches Futter im Winter führt daher beim Elch zu einer schweren Stoffwechselstörung des Pansens. Schnell fangen dann die mächtigen Tiere an zu kümmern, das Haarkleid wird stumpf, z. T. fällt es großflächig aus, und die Tiere gehen an chronischem Durchfall zugrunde. Wenn man dieses Fütterungsbalancespiel richtig ausgetüftelt hat und tatsächlich Zwillingskälber im nächsten Frühjahr auf die Welt kommen, drohen diesen neue Gefahren. Vor allem in

nasskalten Frühjahren unterkühlen Elchkälber rasch und werden dann schnell Opfer von bakteriellen oder parasitären Infektionen. Der Tierpfleger muss also sehr behutsam rechtzeitig vor der Geburt die tragenden Elchkühe, am besten wie im Münchner Tierpark Hellabrunn, in ein halb offenes Stallsystem locken, bis sie nach einer Tragzeit von 224–243 Tagen ihre 11–16 kg schweren Jungtiere zur Welt bringen. Hier sind sie dann im warmen Strohlager vor durchnässendem Regen geschützt. Gleich in der 1. Lebenswoche wird ihnen zudem per Blasrohr eine Injektion gegen den gefürchteten Vitamin-E-Selen-Mangel verabreicht. Im Alter von 5–6 Lebensmonaten, wenn sie voll auf Raufutter umsteigen, droht dann noch eine Infektion mit dem sehr gefährlichen Peitschenwurm *(Trichuris)*, den man berechtigt als Geisel der Elchhaltung bezeichnen darf. Jetzt gilt es, das richtige Wurmmittel in die Kälber über das Futter hineinzutricksen, was sehr schwierig ist.

OBEN: Der seidenweiche Glanz des Felles von Mutter und Kalb beweist, dass diese richtig gehalten und gefüttert werden. Gute Elchhaltung ist eine Herausforderung für jeden Tiergärtner.

LINKS: Wenn die schützenden dichten Grannenhaare noch nicht ausgebildet sind, neigen junge Elchkälber dazu, in ihrem wolligen Fell zu durchnässen, und sterben leicht an Lungenentzündungen oder Magen-Darm-Infektionen.

Giraffe

Wer jemals das Glück hatte, bei einer Giraffengeburt als Augenzeuge dabei zu sein, wird der Giraffenmama neidlos und sofort den 1. Preis als Verpackungskünstlerin im Tierreich zuerkennen. Es ist einfach unglaublich, dass in einem so relativ kleinen Kugelbauch nach einer Tragzeit von ca. 15½ Monaten ein Kalb herangereift ist, das schon zur Geburt ca. 100 kg auf die Waage bringt und sich dann auch noch nach 3–4 Stunden zu einer Scheitelhöhe von knapp 2 m auftürmt. Wie konnten sich nur diese ewig langen Beine und dazu der nie enden wollende Hals so geschickt zusammenlegen lassen, dass alles seinen Platz fand? Schließlich beansprucht ja der riesige Pansen der Frau Mama als bakterieller Gärmotor neben dem langen Darmtrakt den größten Platz in der Bauchhöhle.

Und dann der enorme Kraftakt des Kalbes selbst, sich während des Geburtsablaufes richtig einzustellen. Dazu muss es sich nämlich aus der Rückenlage parallel zum Erdboden gegen die Schwerkraft aufrichten und ein abgewinkeltes Vorderbein nach dem anderen in Richtung Scheide nebeneinander nach oben bringen. Auf den so entfalteten Beinschienenstrang muss sich dann der Kopf so darauflegen, dass er vom langen Hals richtig nach vorne gestützt und geschoben wird, um bloß nicht seitlich oder gar zwischen die Vorderbeine abzusinken. Damit die mütterlichen Geburtswege nicht verletzt werden, ist alles bestens abgepolstert. Die Hufspitzen werden durch eine gelblich aufgequollene Hornmasse pantoffelartig geschützt, die kurzen, noch beweglichen Hörnchen nach hinten geklappt.

Bei der Geburt treten dann innerhalb kurzer Zeit beide Vorderhufe hintereinander aus der Scheide hervor, und je nach Erfahrung des Muttertieres und den im Rhythmus verlaufenden Presswehen folgt kurz danach der Kopf. Jetzt hat das Kalb die Augen schon leicht geöffnet, und die lange blaue Zunge leckt bereits über die Nüstern. Atmen muss es noch nicht, denn den nötigen Sauerstoff

OBEN LINKS: Nach jedem Trinken wird das Jungtier sorgfältig von der Mutter abgeschleckt. Das fördert die Durchblutung und regt die Verdauung an (Netzgiraffe).

OBEN RECHTS: Giraffenkälber sind mit ca. 2 m Scheitelhöhe wahre Geburtsriesen und wiegen mit 100 kg so viel wie ein Elefantenkalb (Mischlinge Netz- × Massaigiraffe).

RECHTS: Im Schutz dieser mächtigen Beine, die einen Löwen mit einem Schlag töten können, fühlt sich das Kalb sicher.

Im Tiefschlaf legt diese kleine Netzgiraffe ihren Kopf auf der Kruppe auf. Die Ohren sind dennoch stets für feinste Geräusche aufnahmebereit.

erhält es noch über die mütterlichen Blutgefäße in der Nabelschnur. Diese reißt erst ab, nachdem auch eine Schulter nach der anderen die enge Passage des Geburtskanals erfolgreich passiert hat. Jetzt rutscht das Kalb aus ca. 2 m Höhe mit einer leichten Drehung auf den Boden. Meist geht die Mutter dabei etwas in die Knie, sodass es eigentlich mehr ein Gleiten als ein Fallen ist. Dann läuft ein Zittern über den ganzen Körper, der von den Eihüllen noch bedeckt ist, und deutlich hörbar wird mit dem ersten Atemzug die Luft eingesaugt. Noch pendelt der kleine Kopf auf dem langen Hals ziellos im Kreise, da senkt sich von oben der mütterliche Kopf herab, und die lange blaue Zunge entfernt die Eihautreste am Kopf und am übrigen Körper. Diese Spezialmassage tut dem Kalb sichtlich gut, da auf diese Weise die Durchblutung angeregt wird. Auch wenn die ersten Aufstehversuche noch nicht so recht glücken wollen, steht das Giraffenkind doch nach 3–4 Stunden zitternd und wackelig auf seinen Beinen.

Großer Kudu

Der Große Kudu gehört zur Unterfamilie der Waldböcke und wird wegen seiner stattlichen Größe und dem bis zu 180 cm weit ausladenden, gewundenen Gehörn der Männchen zu Recht als »König der Antilopen« bezeichnet. Die asch- bis graubraune Grundfärbung ist an den Körperseiten von 6–10 weißen Querstreifen unterbrochen, die bei jedem Tier individuell anders verlaufen und im dichten afrikanischen Savannenbusch dazu dienen, die Körperumrisse aufzulösen. Mit ihren großen, tütenförmigen Ohren nimmt diese Antilope feinste Geräusche wahr, wobei sie zudem hervorragend äugt und wittert. Im Rivalenkampf zeigen große Kudubböcke gegeneinander kein Imponierverhalten, sondern gehen gleich mit gesenktem Kopf aufeinander los, wobei sich durchaus die gewundenen Gehörne so verhakeln können, dass sie von alleine nicht mehr auseinanderkommen und in freier Wildbahn elendiglich eingehen würden. Der Zootierarzt greift dann zum Blasrohr. Den Weibchen gegenüber zeigen Kuduböcke aber eine deutliche Angriffshemmung und lassen sich auch mit anderen afrikanischen Savannentieren im Zoo gut vergesellschaften.

Kuduweibchen bringen nach einer Tragzeit von 7–9 Monaten immer nur 1 Jungtier zur Welt, das rund 15 kg wiegt.

Wenn Löwe, Hyänenhund, Leopard oder Gepard hinter einem her und die Kälber sogar durch Serval, Karakal und Riesenschlangen gefährdet sind, ist stets die höchste Sicherheitsstufe geboten. Hier sichert ein Kuduweibchen intensiv mit allen Sinnen gleichzeitig.

Wisent

Als Zoodirektor wird man häufig gefragt, welche Daseinsberechtigung denn die heutigen Zoos überhaupt noch haben. Ein geradezu klassisches und zudem sehr lebendiges Beispiel dafür ist der urtümliche Wisent, das größte europäische Säugetier, das früher in den unterholzreichen Laub- und Mischwäldern Europas beheimatet war. In den 30er-Jahren des letzten Jahrhunderts wurden die letzten frei lebenden Wisente abgeschossen, wobei der Kaukasus-Wisent total ausgerottet wurde. Dank verschiedener zoologischer Gärten und privaten Wildgattern blieben glücklicherweise von den sog. Flachland-Wisenten, die zuletzt im Urwald vom polnischen Bialowieza beheimatet waren, noch 56 Tiere erhalten. Im Jahre 1932 wurde in Berlin die »Internationale Gesellschaft zur Erhaltung des Wisents« gegründet und im Rahmen eines internationalen Zuchtbuches die Erhaltungszucht des Wisents koordiniert.

Am Anfang bereiteten den Züchtern die Überalterung der Kühe und ihre mangelnde Fruchtbarkeit Schwierigkeiten, sodass man dazu überging, sowohl Hausrinder als auch Bisons einzukreuzen. Die so entstandenen Bastarde waren allerdings absonderliche Kreaturen, die eher Karikaturen glichen. Glücklicherweise hatten sich aber Ende der 40er-Jahre die reinblütigen Wisente in ihrem Bestand so weit erholt, dass man die Bastarde aus dem Zuchtgeschehen herausnehmen konnte. Bereits 1956 wurden in Bialowieza wieder Zoo-Wisente ausgesetzt, die sich bestens vermehrten. Heutzutage muss diese Population sogar durch sinnvollen Abschuss reguliert werden. So gelang letztlich dank der Zoos die Rettung dieses prächtigen Wildrindes in letzter Minute. Das Erhaltungsprogramm des Wisents wurde Vorbild für viele spätere Zuchtprogramme für vom Aussterben bedrohte Tierarten weltweit. Wisentbullen, die bis 900 kg schwer werden und eine Widerristhöhe von 2 m erreichen können, sind gebündelte Energie pur.

OBEN LINKS: Wisentkälber bilden regelrechte Kindergärten, in denen sich nach Herzenslust tollen und miteinander spielen lässt.

OBEN RECHTS: In seinem Übermut fordert ein Kalb die ältere Schwester zum Schiebekampf auf.

LINKS: Schon 1 Stunde nach der Geburt steht das Wisentkälbchen auf den Beinen und kann eine weitere halbe Stunde später der Mutter folgen. Mit etwa 20 Tagen werden bereits Kräuter und Gräser aufgenommen.

Wenn man einem der Jungbullen zuschaut, wie er mühelos einen Baumstamm wie ein Streichholz durch das Gehege schiebt, kann man gut nachempfinden, wie viel Energie in dem bullig untersetzten Körper steckt. Wie beim Bison oder Gaur sind die Dornfortsätze der Brustwirbel verlängert, sodass der schwere Schädel mit seinen spitz zulaufenden, nach innen gekrümmten Hörnern tief angesetzt wirkt. Wenn junge Wisentkälber spielerisch ihre Kräfte im Schiebekampf messen, sieht man sehr gut, welche immensen Kräfte durch die Hebelwirkung der nach oben ausgeführten Rammstöße durch den breiten Schädel frei werden.

Die Trächtigkeit dauert beim Wisent 270 Tage, und es kommt jeweils 1 Kalb mit einem Geburtsgewicht von ca. 27 kg auf die Welt. Die Säugezeit dauert 4–6 Monate. Wisente scharen sich in Gruppen bis zu 20 Tieren zusammen. Die Nahrung besteht aus Gräsern und Kräutern, wobei im Zoo sehr gerne Laubäste angenommen werden, deren Rinde sorgfältig abgezogen wird. Die Zucht von Wisenten in Zoos ist unproblematisch, wenn man die Jungtiere regelmäßig gegen Spulwürmer behandelt. Die Kälber bilden Spielgemeinschaften, in denen sich spielerische Schiebekämpfe zum Kräftemessen großer Beliebtheit erfreuen, auch wenn die Hörnchen noch nicht durchgespitzt sind. Im Gegensatz zu unseren Hauskühen ist das Euter bei der Wisentkuh kaum sichtbar zwischen den Oberschenkeln verborgen. Die Milch enthält 5,1 % Eiweiß sowie 5,87 % Fett und ist damit energiereicher als die des Hausrindes.

Nach dem Säugen leckt die Mutter ihr Kälbchen sorgfältig ab und regt dadurch die Verdauung an.

Mhorrgazelle

Von dieser Gazelle wurde 1980 das letzte frei lebende Exemplar in der spanischen Sahara erlegt. Im Jahre 1971 wurden 7 Tiere in die staatliche Zuchtstation nach Almeria/Südspanien gebracht. Von dort übernahm der Tierpark Hellabrunn im Jahr 1981 8 Tiere, die sehr erfolgreich züchteten. 1992 haben wir aus diesen Nachzuchten gemeinsam mit dem Zuchtzentrum von Almeria/Spanien 3 Paare dieser wunderschönen und größten Gazelle in das Königliche Schutzgebiet von R'Mila in der Nähe von Marrakesch in Marokko gebracht.
Der Bestand war 16 Jahre später bereits auf über 120 Tiere angewachsen, von denen dann 2008 insgesamt 20 Tiere in das Iriki-Schutzgebiet jenseits des Atlas umgesiedelt wurden. Dank dieser hervorragenden Zuchterfolge konnte in nicht einmal 20 Jahren eine in freier Wildbahn ausgestorbene Art in ihrem angestammten Biotop wieder heimisch werden. Diese erfolgreiche Wiedereinbürgerung ist ein weiterer Meilenstein in der Zoogeschichte.

Mhorrgazellenkitze werden nach einer Tragzeit von ca. 6 ½ Monaten mit einem Geburtsgewicht von 3 ½–4 kg und mit sandfarbenem Haarkleid geboren. Der charakteristische weiße Spiegel mit der hellen Beinzeichnung, die wunderbar zu der dunkelbraunen Schabracke kontrastiert, entwickelt sich erst mit ca. der 8. Lebenswoche. Der Begriff Mhorr stammt aus dem Arabischen und bezeichnet die dunkelbraune Fohlenfarbe.

Cuviergazelle

Gazellenmütter sind beim Tränken ihrer Kitze äußert vorsichtig, da diese eine begehrte Beute von Leopard, Wolf, Schakal, Falbkatze, Adler, Gepard, Karakal und Serval darstellen.

Die zierliche Cuvier- oder Edmigazelle ist in der Sahelzone Marokkos sowie in Arabien und Israel beheimatet. Dort bewohnt sie sandig-steinige Schotterebenen, Berge, Hügel, Buschsteppen und bevorzugt Akaziensavannen. Da sie sich als Kulturfolger gerne auch auf Viehweiden, Feldern sowie in Obst- und Weingärten gütlich tut, wurde sie im vergangenen Jahrhundert beinahe ausgerottet.

Die Reviere sind aufgrund des kargen Futterangebotes ca. 100–200 ha groß, wobei die Böcke territorial bleiben und von den durchziehenden Geißengruppen besucht werden. Ein um die Gunst des Weibchens werbender Bock läuft dieses mit angehobenem Kopf an und führt dabei den für die Gazellen typischen Laufschlag des Vorderbeines aus.

An die extreme Hitze sind die kleinen Gazellen bestens angepasst, können sie doch in der Halbwüste ihren Wasserbedarf über die Aufnahme von Opuntienblättern decken. Im Zoo genügt ihnen das im Gras oder in Karotten enthaltene Wasser. Beide Geschlechter sind behornt, und typisch neben dem dunklen Seitenstreifen an den Flanken ist ein schwarzer Fleck über der Nasenmuffel, der von einem von den Augen ausgehenden weißen Streifen umrahmt wird. Die Tragzeit beträgt ca. 6 Monate, und das Kitz wiegt ca. 2–3 kg.

Abruzzengams

Das junge Bockkitz ziert eine beigefarbene Krawatte, die beim ausgewachsenen Bock seitlich auf die Halspartie übergreift. Diese Farbzeichnung fehlt anderen Gämsen.

Von der Alpengämse unterscheidet sich die zierliche Gämse der Abruzzen durch einen zarten Körperbau und die beigefarbene Halspartie der Böcke im Winterfell. Dafür sind die Krucken bei beiden Geschlechtern deutlich länger ausgebildet als bei den anderen Unterarten.
In Zoos wird dieses prächtige Hochgebirgstier außerhalb von Italien nur sehr selten gehalten. Die Böcke sind auch außerhalb der Brunft sehr aggressiv, und selbst weibliche Kitze können schwer verletzt werden, wenn sie sich vor dem imponierenden Bock, dem eigenen Vater, nicht rechtzeitig in Sicherheit bringen können. Von der Alpengämse ist die italienische Unterart aus den Abruzzen seit der letzten Eiszeit genetisch getrennt und mit der noch kleineren Pyrenäengämse näher verwandt.
Nach einer Tragzeit von 8 Monaten kommen 1–2 Kitze mit je 3–5 kg zur Welt. Sie stehen auf der Speisekarte des Steinadlers ganz oben und werden von der Geiß energisch verteidigt.

Schneeziege

OBEN: Solang die Hörnchen noch nicht durchgespitzt sind, suchen die Schneeziegenkitze sehr engen Körperkontakt zu der Mutter.

RECHTS: Die dichte Unterwolle vom Schneeziegenkitz fühlt sich an wie feinste Seide und isoliert besser als jede Kunstfaser.

Schaut man Schneeziegenkitzen beim spielerischen Kräftemessen zu, so fällt auf, dass sie sich dabei völlig anders verhalten als Schaflämmer oder Ziegenkitze. Während Letztere sich schon in den ersten Lebensmonaten auf den Hinterbeinen aufrichten und mit angewinkelten Vorderläufen »Männchen machen«, um dann von oben herab mit den Köpfen zusammenzustoßen, fehlt den Schneeziegenkitzen dieses Kampfritual. Sie laufen vielmehr in einem eigenartig wiegenden Stelzengang parallel aufeinander zu und boxen und stoßen sich seitlich in die Flanken. Dies ist eine sehr urtümliche Kampfweise, die wohl den gemeinsamen Urahnen von Schafen und Ziegen eigen war. Wenn später dann mit ca. 3–4 Monaten die nadelscharfen Hörner durchspitzen, die sich schwach säbelförmig nach hinten biegen und bei großen Böcken bis zu 25 cm lang werden können, sind dies tödliche Dolche. Vor allem Jährlingsböcke können auf diese Weise den Kitzen gefährlich werden, weshalb die Mütter sehr sorgfältig darauf achten, ältere Jungtiere von ihren Kitzen fernzuhalten. Derartige Beschädigungskämpfe sind typisch für die Vertreter der Gämsenartigen, zu denen auch unsere Gams sowie der Serau, Goral und Takin zählen.

Im Gegensatz zu Schafen und Ziegen, die ja mit den Hörnern zusammenstoßen, dass es nur so kracht, ist das Kopfskelett der Gämsenartigen wesentlich dünner und zerbrechlicher. Zum Schutz gegen die Hornstiche haben sich ältere Schneeziegenböcke einen regelrechten Schutzwams zugelegt. So ist die Unterhaut an den Flanken und vor allem an den Oberschenkeln derb elastisch verdickt, und dieser Hautpanzer kann bis zu 2 cm messen. Die spitzen Waffen werden aber nicht nur zum innerartlichen Rivalenkampf eingesetzt, vielmehr verteidigen sich Schneeziegen damit sehr erfolgreich gegen Jagdhunde, Wölfe und sogar Grizzlybären. So musste ein Grizzly den Versuch, einen wehrhaften Bock zu schlagen, mit dem Leben bezahlen. Zwar konnte der Bär die Schneeziege töten, erhielt aber zwei Horndolchstiche ins Herz, an denen er unweit des geschlagenen Bockes verendete. Wer derart gefährliche Waffen mit sich führt, muss damit auch vorsichtig umzugehen wissen. Dies dürfte der Grund sein, warum ausgewachsene Böcke eine ausgesprochene Angriffshemmung gegenüber Weibchen besitzen. Einem paarungsbereiten Weibchen nähern sich die Böcke, indem sie sich ganz klein machen und z. T. regelrecht auf dem Bauch dahergekrochen kommen, wobei sie wie junge Kitze fiepende Laute von sich geben.

An die schroffen Felsklippen in den Gebirgen ihrer nordamerikanischen Heimat sind die Schneeziegen bestens angepasst. Sie gelten als hervorragende Kletterer. In scheinbar auswegloser Situation in Steilwänden sind sie in der Lage, sich im Sprung in der Luft zu drehen.

Zwergziege

Die beiden Zicklein der Hängeohrziege im Hintergrund sind etwa genauso alt wie das Zwergziegenkitz, das sich von ihnen nicht nur aufgrund der Größe, sondern vor allem durch seine Stehohren unterscheidet.

Alle ca. 200 Ziegenrassen, die auf der Welt gehalten werden, stammen von der Bezoarziege ab. Diese war früher im Mittelmeerraum beheimatet und ist heute noch auf einigen griechischen Inseln wie z. B. Theodoru in reinblütiger Firm erhalten. Das Wort »Bezoar« kommt aus dem Persischen und bedeutet Gegengift. Bezoarkugeln bilden sich bei Wiederkäuern durch Muskelbewegungen im Pansen, wobei abgeschleckte Haare und Pflanzenteile mit Sand, der mit dem Futter in kleinsten Mengen aufgenommen wird, zu Kugeln geformt werden. Man glaubte früher, dass solche Bezoare wie ein Indikator vergifteten Wein anzeigen würden, indem sie sich verfärbten. Dies ist natürlich purer Unsinn. Im Alpenraum erfüllten die Bezoare des Alpensteinbocks denselben Zweck und waren sehr begehrt. Die Erzbischöfe von Salzburg bestraften daher Steinbockwilderei mit dem Tode.

Aus dieser Wildform züchtete der Mensch ca. 7500 v. Chr. im Zweistromland die verschiedenen Rassen, die sich u. a. durch Fleischansatz, Milchleistung, Farbe, Haar- und Lederqualität unterscheiden. So wird die Burenziege als Fleischlieferant bis zu 100 kg schwer, während die weiße deutsche Edelziege über 1800 kg Jahresmilchmenge produzieren kann. Feinste Wollqualität liefert die Angora- oder Kaschmirziege, die ursprünglich in der türkischen Provinz Angora (= Ankara) gezüchtet wurde. Von der Angoraziege stammt die bekannte Mohairwolle, was auf Arabisch so viel wie »bestes Vlies« bedeutet. Diese Wolle wird auch als Kämenhaar bezeichnet, ein Begriff, der im Sprachgebrauch fälschlicherweise als »Kamelhaar« wiedergegeben wird. Nur die Unterwolle des Moschusochsen und die des Vikunjas bieten eine noch feinere Qualität.

Als wohl kleinster Vertreter wird die afrikanische Zwergziege wegen ihres Fleisches und der Haut gezüchtet, die ein begehrtes feines Leder liefert (Glacé, Nappa, Savian, Velour und Chevreau). Einzelne Tiere werden gerne in Pferdeställen gehalten, weil man aufgrund eines alten Aberglaubens meint, die Ziege würde im Stall die Krankheiten der Pferde auf sich ziehen.

Da sie sich in ihrer Heimat am Rande des Regenwaldes sowie in feuchtem Klima wohlfühlt, kommt sie mit dem europäischen Klima gut zurecht.

Ans Futter stellen Ziegen nur geringe Ansprüche, sie können mit ihrem Pansen selbst Zeitungspapier verdauen. Da sie anders als Schafe nicht nur Gras abknabbern, sondern auch Büsche, Sträucher und nachwachsende Bäume verbeißen, können sie für die Umwelt zu einem großen Problem werden, wenn sie in Massen gehalten werden. Das karstige Gebirge des Mittelmeerraumes ist, abgesehen von der Abholzung für den Schiffsbau in der Römerzeit, durch Ziegenfraß entstanden. In der Mongolei verkarsten neuerdings ganze Weidegebiete, seit die Nomaden vom Schaf auf die Kaschmirziege umgestiegen sind, deren Wolle hohe Preise erzielt.

Die Tragzeit der Zwergziege beträgt ca. 150 Tage, Zwillingsgeburten häufig.

Zwergziegenkitze sind so quicklebendig und verspielt wie die 7 Geißlein aus dem Grimm'schen Märchen.

Alpensteinbock

Bereits in der 1. Lebenswoche hüpfen Steinbockkitze wie die Flöhe umher und zeigen mit wilden Kletterkünsten, dass sie an das Leben auch im steilen Fels bestens angepasst sind.

Wenn heute im Alpenhauptkammgebiet wieder über 22 000 Steinböcke leben und auch jagdlich genutzt werden, so gehen diese auf eine kleine Kolonie von ca. 27 Tieren zurück, die Ende des 19. Jahrhunderts der König von Italien unter seinen persönlichen Schutz im Gran-Paradiso-Gebiet gestellt hatte. Von dort gelangten gestohlene Kitze, die mit Ziegenammen aufgezogen wurden, auch in die Zoos, sodass diese einen wichtigen Anteil an der Erhaltung dieses prächtigen Hochgebirgstieres geleistet haben. Der Münchner Tierpark Hellabrunn führt gemeinsam mit anderen Zoos seit 1995 eine sehr erfolgreiche Wiedereinbürgerungsaktion des Steinbocks im Rauriser Tal/Nationalpark Hohe Tauern durch. Diese aufblühende Kolonie hat bereits Kontakt mit den Rudeln im Bereich der Glocknerstraße aufgenommen, was dem Genaustausch sehr entgegenkommt.

Nach einer Tragzeit von 165–170 Tagen setzen die Geißen meist 1 Kitz, das ca. 2–3,5 kg wiegt, selten Zwillinge.

Moschusochse

Ein so wohlig warmes und dichtes Wollwestchen, wie es Moschusochsenkälber tragen, ist zweifellos einmalig im Tierreich. Wenn die Kälber Mitte April bis Mitte Juni geboren werden, ist die Schneedecke in Alaska und Grönland noch sehr hoch, und die Temperaturen können bis auf –35 °C absinken. Zur optimalen Wärmeisolation haben bereits die neugeborenen Kälber unter ihren Wollwestchen noch ein gut isolierendes Fettdepot unter der Haut und sind schon wenige Minuten nach der Geburt auf den Beinen.

Die braungraue Unterwollbehaarung steht extrem dicht und wird zusätzlich von langen Grannenhaaren überdeckt, die Wind und Regen abweisen und im Halsmähnenbereich bis zu 70 cm lang werden können. Dieser Schutz ist notwendig, denn der arktische Winter dauert bis zu 8 Monate, in denen die Temperatur unter null bleibt. Wenn im Mittsommer die dichte Unterwollbehaarung gewechselt wird, bleibt sie zum Teil noch an den langen Grannenhaaren hängen und löst sich in großen Placken ab. Diese werden von den einheimischen Eskimos gesammelt und sind als »Quiviut« als äußerst wärmende und sehr strapazierfähige Wolle beliebt. Moschuswollwesten halten jahrelang. Hinzu kommt, dass die dunkel pigmentierten Haare selbst noch die spärlichsten Sonnenstrahlen auffangen, sodass sich ein Moschusfell selbst bei Temperaturen von –20 °C zusätzlich aufwärmt.

In der Zeit, in der Moschusochsenkälber geboren werden, kann bei Schneestürmen die Temperatur noch auf unter –20 °C sinken. Sie müssen daher mit ihrem dichten Wollvlies und Fettpolstern unter der Haut bestens geschützt sein. Bereits nach 1 Stunde sind sie auf den Beinen und können sofort der Herde folgen.

Die Herden, in denen die Kälber heranwachsen, umfassen Tiere beiderlei Geschlechts, was für die Verteidigung der Kälber gegen Wölfe besonders wichtig ist. Ihre typische Verteidigungsposition besteht darin, dass die erwachsenen Tiere einen Kreis bilden, sodass die massigen Leiber und die mit scharfen Hörnern bewährten Schädel die Jungtiere mittig einigeln. Nur wenn es den Wölfen gelingt, mit Scheinangriffen diesen Ring zu sprengen, und die Gruppe in Panik auseinanderstiebt, haben sie eine Chance, Kälber zu erbeuten. Im Einzelfall können aber auch erfahrene starke Wölfe sogar einen Solitärbullen dadurch zur Strecke bringen, dass sie ihn durch ständige Angriffe ermüden, um sich dann in seiner Nase zu verbeißen und ihn durch Kehlbiss zu töten. Die Stirnplatte alter Bullen wird durch dicke, zäh elastische Hornplatten geschützt, und in der Brunft krachen die Bullen weithin hörbar mit den Schädeln zusammen. Von der Wucht dieser Rammstöße kann der Tiergärtner ein Lied singen. So hat im Tierpark Hellabrunn ein Bulle aus dem Stand heraus eine 10 cm dicke Eichenbohle aus der Boxenwand herausgeschlagen und mittig zerbrochen. Im Zoo von Moskau wurden einbetonierte Eisenbahnschienen plattgemacht und im Berner Zoo ein 4 × 4 cm messender Betonpfeiler zerbröselt. In München wurde ferner von einem Bullen innerhalb von wenigen Tagen ein ca. 7 m langer Fichtenstamm mit Wurzelteller, der 7,5 t wog, durch Rammstöße um 180 Grad gedreht. Diese Rammstöße und das Rivalenspiel üben die Kälber schon im zarten Alter, wenn die Hörner noch nicht durchgespitzt sind. Wenn sie in ihrer Spielfreude einander verfolgen und nach dem Breitseitimponieren regelrecht aufeinander zufliegen, krachen die Köpfe so zusammen, dass man die Finger lieber nicht dazwischen hat. Beliebt sind als Spielchen auch Galopprunden durch die Flachwasserzone, wobei das aufspritzende Wasser zur Abkühlung der vor Aufregung und Anstrengung hechelnden Kälber beiträgt.

LINKS: Die Kälber lieben schnelle Verfolgungsjagden, und auch die Rammstöße, die später im Rivalenkampf eine wichtige Rolle spielen, werden schon geübt, bevor die Hörnchen durchgespitzt sind.

RECHTS: Da das dichte Fell sehr gut isoliert, suchen Moschusochsen im Sommer zur Abkühlung gerne das nasse Element auf. Die Hörner werden an Steinen ständig nachgeschliffen und bilden nadelspitze Dolche.

Humboldtpinguin

Diese kleine Pinguinart, die eine Körperlänge von 65 cm und ein Gewicht von ca. 4 kg aufweist, ist vermutlich mit dem Humboldtstrom aus dem kälteren Süden in den wärmeren Norden abgewandert und hat die Inseln vor der peruanischen Küste besiedelt. Früher brüteten sie dort in großen Guanohöhlen, d. h. in meterhohen Kot- und Harnsäureablagerungen, die als beliebter Blumendünger abgebaut wurden. Nach einer Brutdauer von ca. 38 Tagen schlüpft ein silbergraues flaumiges Küken mit einem Schlüpfgewicht von nur 68 g. Da die Elterntiere beide unermüdlich füttern, sind ab der 3.–4. Lebenswoche tägliche Gewichtszunahmen von 70–100 g die Regel. Beim Füttern würgen die Altvögel einen vorverdauten Fischbrei aus dem Magen hoch und lassen diesen tief in die Kehle der bettelnden Jungvögel fließen. Der Stimmfühlungslaut, an dem sich Eltern und Küken individuell erkennen, besteht aus kehlig heiseren Piepslauten, die durch starkes Flügelschlagen mit den Stummelflügelchen unterstützt werden. Im 5.–6. Lebensmonat wird das Dunengefieder gemausert, und erst jetzt werden die Jungvögel schwimmfähig. Da bei tiefgefrorenen Makrelen und Heringen durch die Lagerung die Vitamine A und E abgebaut werden, müssen diese im Zoo regelmäßig beigefüttert werden.

Im braunen Dunenkleid sind Pinguinküken noch nicht schwimmfähig und warten eng aneinandergekuschelt auf die nächste Fütterung durch die Altvögel. In dieser Zeit brauchen sie vor allem ein Dach über dem Kopf, da sie nach Regengüssen sehr schnell unterkühlen würden.

Nandu

Wie bei den Straußenvögeln üblich, ist die Aufzucht der Küken auch beim südamerikanischen Nandu oder Pampasstrauß reine Männersache. In der Balz werden die Hennen mit gesträubtem Gefieder, durch Hakenschlagen sowie Hin- und Herpendeln des Halses stimuliert. Dadurch werden die weißen Schmuckfedern der Flügelunterseite auffällig zur Schau gestellt. In dieser Zeit ruft der Hahn wiederholt mit seinem tiefen, weit tönenden »Nan-du«, dem er seinen Namen verdankt.

Mehrere Hennen legen in 2-tägigem Abstand ihre Eier in eine flache Brutmulde, die der Hahn ausscharrt. Mit dem Schnabel werden sie von ihm ins Nest gerollt, das Gelege besteht im Durchschnitt aus 15–20 Eiern. Während der Brutzeit von ca. 40 Tagen kann der Hahn aber die außen liegenden Eier nicht genügend bebrüten, sodass diese unterkühlen und absterben. Nach dem Schlupf sind die Küken sofort auf den Beinen und werden ausschließlich vom Hahn geführt. In unseren Breiten sind sie jetzt besonders durch kühle Regengüsse gefährdet. Wer nicht rechtzeitig unter der schützenden Flügel-Regenhaube des Herrn Papa einen trockenen Platz findet, zieht sich leicht eine Lungenentzündung zu. Eine andere Gefahr droht durch Rabenkrähen, denn Küken, die sich zu weit vom Hahn entfernt haben, werden von hinten im Sturzflug geschickt attackiert, wobei ihnen die Krähen im Vorbeifliegen nacheinander beide Augen auspicken. Oft jagen dazu mehrere Krähen wie die Sturzkampfbomber gleichzeitig. Die blinden Küken werden dann vom Hahn aufgegeben und so zur leichten Beute des ganzen Krähenschwarms. Abhilfe schafft hier mit großer Sicherheit der Einsatz eines »Nanduliesel«, einer Tierpflegerin, die in der 1. Lebenswoche auf der Anlage präsent ist. Danach sind die Küken schnell genug, um den Krähen auszuweichen.

Nandus sind als Bewohner der Savanne rasche und ausdauernde Läufer, die sich zudem durch Hakenschlagen einem Verfolger entziehen können. Dazu werden abwechselnd die abgewinkelten Flügel eingesetzt, sodass sie wie das Querruder eines Flugzeugs wirken und den Vogel im vollen Lauf um die Ecke katapultieren. Nandukükен nehmen neben Gras, Blättern und Sämereien auch sehr viel Insekten auf, die sie im raschen Lauf erbeuten.

Bei lang andauernden Schlechtwetterperioden nimmt man im Zoo die Eier gerne in den Brutapparat und zieht die Küken von Hand auf. Dabei müssen sie stets ausreichend Bewegung haben und dürfen sich nicht auf einmal mit Futter vollstopfen, da dies zu einer Knochenverformung führt. Da sich bereits bei den Küken die sehr langen Blinddärme und Därme heranbilden, muss ferner sichergestellt sein, dass das Futter nicht zu eiweißhaltig ist und der Kalziumanteil in der Mineralmischung gegenüber dem Phosphor überwiegt. Das beste Mineralgemisch stellt man im Zoo her, indem man die zerstoßenen Schalen der abgestorbenen Eier durch sorgfältiges Abflammen sterilisiert und das Pulver über das Futter streut.

LINKS: Eine kurze Ruhepause gönnt der Nanduhahn seinen Küken, um sie nach einem kurzen Sonnenbad gleich wieder zur Nahrungssuche anzuleiten. Nandukükеn brauchen sehr viel Bewegung, um gesund aufwachsen zu können.

RECHTS: Nandus sind flugunfähig gewordene Laufvögel, bei denen die Brustmuskulatur nur sehr flach ausgebildet ist. Die Kraft der Vögel steckt in den Oberschenkeln, die sie zu einem sehr schnellen Lauf befähigen.

Roter Sichler

Der prächtige Rote Sichler, wegen seiner leuchtend roten Färbung auch Scharlachibis genannt, brütet in großen Kolonien im Mangrovendickicht Südamerikas. Bei der Balz im Frühjahr plustern sich die Männchen wie leuchtend rote Federbälle auf, wobei dunkle Kehllaute den Balztanz unterstreichen. Die Paarbildung erfolgt im Nestbereich, und beim Nestbau teilt sich das Pärchen die Arbeit, indem das Männchen die Zweige heranträgt, die vom Weibchen verbaut werden. Aus den meist 2 Eiern schlüpfen nach 21–23 Tagen die Küken, die von beiden Elternteilen gefüttert werden. Dazu taucht das Küken seinen Kopf tief in den Schnabel des Altvogels ein, der auf diesen Reiz hin das Futter aus dem Magen hochwürgt. Die Küken tragen anfangs ein dunkelbraunes Dunengefieder und sind nach der 1. Mauser unscheinbar schmutzig braun gefärbt, wobei sich von dem dunklen Hals- und Rückenbereich die weißen Brust- und Bauchfedern abheben. Ihr leuchtend rotes Prachtgefieder entwickeln sie erst bei der Mauser im folgenden Jahr.

Die schöne rote Farbe stammt ähnlich wie bei den Flamingos aus dem Chitinpanzer von Kerbtieren und muss im Zoo als künstlicher Farbstoff zugefüttert werden. Hier lassen sich Rote Sichler gut halten und züchten, wenn sie im Winter frostfrei untergebracht sind und ihnen für das restliche Jahr großzügige Freiflugvolieren mit reichlichem Baumbewuchs zur Verfügung stehen, in denen sie mit geschickten Flugmanövern das Publikum begeistern.

Beim Füttern regen die Küken die Altvögel mit hellen Bettellauten dazu an, das im Magen herantransportierte Futter hochzuwürgen. Zur Entnahme stecken sie ihren Schnabel tief in den Schlund des Altvogels.

Flamingo

Flamingoküken wachsen rasch heran und schließen sich zu Kükenkrippen zusammen. Altvogel und Jungtier erkennen sich gegenseitig an der Stimme, gefüttert wird stets nur das eigene Küken. Das Bild zeigt Rosa- und Rote Flamingos. Die Vögel mit dem rosafarbenen Schnabelansatz sind Rosaflamingos.

Dass der elegant hochbeinige Flamingo ausgerechnet mit den kurzbeinigen, gedrungenen Gänsen näher verwandt sein soll als mit den Reihern oder Störchen, glaubt man erst, wenn man einmal bewusst das aufgeregte Geschnatter in einer Flamingokolonie anhört. Optisch untermalt wird dieses Kommunikationsschnattern, indem die Vögel vor allem in den Morgenstunden den Kopf ruckartig um 90 Grad und meist in dieselbe Richtung bewegen. Mit den langen Stelzenbeinen haben der Tiergärtner und der Flamingo ein Problem, wenn man die Vögel, wie früher in den Zoos häufig üblich, kupiert. Darunter versteht man die Amputation einer Handschwinge, was heute nach dem Tierschutzgesetz ohnehin nicht mehr zugelassen ist. Da der Hahn beim Deckakt auf die stehende Henne aufreitet, kann er mit einem kupierten oder zu scharf ausgestutzten Flügel die Balance auf dem Weibchen nicht halten, die Kloaken treffen nicht aufeinander, sodass die meisten Eier unbefruchtet bleiben. Wir wenden daher im Tierpark Hellabrunn seit Jahren einen simplen, aber sehr effektiven Trick an. Wer einmal in freier Wildbahn durchstartende Flamingos gesehen hat, weiß, dass sie einen langen Anlauf brauchen, um zum Abheben genügend Luft unter die Flügel zu bekommen. Dazu schlagen sie intensiv mit den Flügeln und laufen mit ihren mit Schwimmhäuten bespannten Zehen klatschend über die Wasseroberfläche, bis sie genug Schwung zum Abheben haben. Dazu ist eine ca. 10–15 m lange Anlaufstrecke nötig. Wenn man nun die Brutinsel mit einem nicht zu breiten Wassergraben umgibt und in etwa 10 m Abstand beidseits abwechselnd von den Uferzonen Weidenbüsche anpflanzt, kann man einzelne Äste knapp über die Wasseroberfläche ragen lassen. Will der Vogel dann durchstarten, streift er den elastischen Weidenast mit einem Flügel, ohne sich zu verletzen, verliert das Gleichgewicht – und die Strömung unter den Flügeln reißt ab, sodass er sanft im Wasser landet. Unsere Flamingos danken uns diesen einfachen Trick, den wir Mutter Natur abgeschaut haben, seither durch zahlreichen Nachwuchs.

Die Brutzeit beginnt in unseren Breiten Mitte April und reicht bis in den Mai hinein, wobei die Hähne energisch miteinander raufen. Zum Brüten wird von den Elternpärchen eine flache vorgefertigte Lehmmulde mit Lehm und Steinchen zu einem Kegel aufgebaut, um das Ei bei starken Regenfällen vor einem steigenden Wasserspiegel zu schützen. Zum Bau des Kegels muss der Lehm gut angefeuchtet werden, da sonst in Trockenperioden die Brut gänzlich ausfallen kann. Noch während des Brutvorganges, der 27–31 Tage andauert und bei dem sich die Eltern abwechseln, wird an dem Nest eifrig weitergebaut. Das Küken trägt in den ersten Lebenstagen ein silbergraues Dunenkleid, der rote Schnabel ist gerade geformt, und die Beine scheinen glasig geschwollen. Diese Schwellung geht in wenigen Tagen zurück, und nach etwa 10 Tagen sind die Beine dunkel gefärbt. Mit 4–7 Tagen verlässt das Küken das Nest. Zur Fütterung erzeugen die Eltern aus Schleimhautdrüsen im Bereich der Speiseröhre bis zum Vormagen ein durch Karotine rötlich gefärbtes Sekret, das sie dem Küken in den Schnabel einträufeln lassen. Im Alter von etwa 3 Wochen mausern die Küken in ein 2., graues Dunenkleid um, und der Schnabel beginnt sich allmählich zu krümmen. Im Alter von einem ¾ Jahr bis zu 1 ½ Jahren erfolgt eine neue Mauser, und die Vögel tragen jetzt ein sehr helles Federkleid. Die je nach Art Rosa- oder prachtvolle Dunkelrotfärbung entwickelt sich erst im Alter von 3–4 Jahren. Sie entsteht dadurch, dass spezielle Farbstoffe, sog. Karotinoide, die auch das Eigelb und den Mais gelb färben, in die wachsende Feder eingelagert werden. Wir kennen diese Farbe auch aus den Schalen von Krustentieren. Dort ist sie allerdings im Chitinpanzer an einen Eiweißstoff gebunden, sodass der Panzer hornartig braun erscheint. Beim Kochen des Hummers wird dieser Eiweißkörper zerstört, und die rote Farbe wird sichtbar.

LINKS: In den ersten Lebenstagen tragen Flamingoküken ein silbergraues Dunengefieder und einen roten, geraden Schnabel, der nach 10 Tagen dunkel umfärbt. Der typische Knick des Oberschnabels vom Altvogel entwickelt sich erst im Alter von ca. 70 Tagen (vorne Roter Flamingo, hinten links Rosaflamingo).

RECHTS: Die rote Nährstofflösung wird dem nur wenige Tage alten Küken in den Schnabel getröpfelt, wenn es vom Altvogel auf dem Nest bedeckt wird und das Köpfchen zwischen Körper und Flügelbug herausstreckt (Roter Flamingo).

Schwarzhalsschwan

Kann es einen schöneren Platz auf Erden für ein Schwanenküken geben, als eng ins Rückengefieder gekuschelt sich abwechselnd von Mama oder Papa spazieren schwimmen zu lassen? Auf diese Weise bekommt man garantiert keine kalten Füße und bleibt sicher und geschützt vor Feinden. Erst wenn am 2. Tag nach dem Schlupf der Dottersackvorrat aufgezehrt ist, unternehmen die Küken zur Nahrungsaufnahme die ersten eigenen Schwimmversuche. Das flaumige Dunengefieder wird mit dem öligen Sekret der Bürzeldrüse wasserfest imprägniert, und die Küken sind emsig damit beschäftigt, ihren plüschigen Flaum zur Verteilung des nicht klebenden Sekretes durch die Schnäbelchen zu ziehen. Erst wenn nach der 1. Mauser die Dunenfedern abgestoßen werden, erscheint die namensgebende schwarze Färbung des Halses. Die leuchtend roten Nasenwarzen bilden sich im Alter von ca. 3 Jahren aus.

Um vor Bodenfeinden wie Fuchs oder Marder sicher zu sein, brüten Schwarzhalsschwäne gerne auf Inseln im Schilf. Die Altvögel sind sehr fürsorgliche Eltern, und mögliche Störenfriede werden mit laut klatschenden Flügelschlägen vertrieben. Vor den zudringlichen Krähen bei uns warnen die Altvögel mit einem heiseren Ruf.

OBEN: Eingekuschelt in die wärmenden Rückenfedern des Altvogels, genießt ein frisch geschlüpftes Küken die erste Spazierfahrt.

UNTEN: Schwarzhalsschwäne verteidigen ihre Küken sehr mutig und gehen zischend mit gestrecktem Hals gegen Störenfriede vor.

Mandarinente

Die prächtig gefärbte Mandarinente zählt zu den Glanzenten und stammt aus Ostasien. Aufgrund ihrer Schönheit wurde sie in Europa vielfach gezüchtet, und entflogene Exemplare haben sich ähnlich wie die aus den USA und Südkanada stammende Brautente, die zur selben Familie zählt, bei uns eingebürgert. So sind beide Arten in den Münchner Isarauen häufig anzutreffen.
Den Mandarinerpel ziert eine segelartige Schulterfeder, die beim Flug unter dem Schultergefieder verschwindet und erst an Land oder auf dem Wasser demonstrativ zur Schau gestellt wird. Die weiblichen Vögel sind unauffälliger gefärbt und weisen eine dezente Weißtupfung des Brustgefieders auf hellbräunlichem Grund auf. Der bei beiden Altvögeln breiter oder feiner ausgeprägte weiße Augenstreif ist bei den Küken im bräunlichen Dunengefieder als schmaler brauner Strich ausgebildet. Die irisierende bunte Federfärbung beim Erpel kommt nicht durch Einlagerung von Pigmenten, sondern durch Lichtbrechung zustande.

Im Zoo werden an der Uferzone ausgestreute Rindenmulchplätze gern zum Hudern und zum Ausruhen aufgesucht, da sich dieses Substrat in der Sonne rasch erwärmt und trocken ist.

Uhu

Dieser drohende Jungvogel zeigt als Ästling das typische bräunlich gelbe Zwischenkleid, das mit feinen dunklen Querwellen geschmückt ist.

Uhunestlinge, die wie die meisten Eulenvögel in Baumhöhlen nach einer Brutdauer von ca. 30 Tagen schlüpfen, weisen in den ersten Lebenswochen eine anatomische Besonderheit auf: Die Linse ist nämlich milchig getrübt, sodass die Küken nur hell und dunkel wahrnehmen können. Wenn solche Nestlinge bei Baumfällaktionen in Menschenhand geraten, werden sie oft als erblindet dem Tierarzt vorgestellt. In Wirklichkeit verhält es sich aber so, dass die wie etwa eine Zwiebel in Lagen geschichtete Linse noch durch Wassereinlagerung aufgequollen ist, wodurch die Trübung zustande kommt. Wenn die Jungvögel im Alter von 4–5 Wochen als sog. Ästlinge die Bruthöhle verlassen und mit ca. 9 Wochen ihre Flugfähigkeit erreichen, sind sie voll sehfähig. Uhus können aber auch in den verlassenen Nestern von großen Vögeln oder in selbst gescharrten Mulden am Erdboden brüten. Beim Rufen sträubt der Uhu sein Kinngefieder, sodass ein weißer Fleck sichtbar wird. Der Laut der Männchen ist ein dumpfes, abfallendes und weit hörbares »wúoh«, auf das das Weibchen mit dem 2-silbigen »huhúh« antwortet. Als Bettellaut können Uhus aber noch einen ganz eigentümlichen heiseren Nasallaut von sich geben. Ganz ähnlich ruft übrigens der Biber.

Blauer Pfau

Den metallisch miauenden Schrei beider Geschlechter deuten die Inder als »Minhao«, was so viel bedeutet wie: Regen kommt. In der Tat rufen Pfaue bei nahenden Gewittern besonders häufig. In seiner Heimat, dem indischen Dschungel, sind die Vögel aber besonders oft frühmorgens zu hören, bevor die Sonne aufsteigt. Über das prächtige Rad des Männchens, das von den oberen Schwanzdeckenfedern gebildet wird, wobei die eigentlichen Schwanzfedern es in aufgerichteter Position stützen, ist viel gerätselt worden. Ob der Hahn die Henne dadurch tatsächlich auf Futter aufmerksam machen will, um sie anschließend zu treten, wie es bei anderen Hühnervögeln durchaus vorkommt, oder ob wir hier ein rein ritualisiertes Futterzeigeverhalten haben, bleibt das Geheimnis dieser prächtigen Vögel. Pfauenküken schlüpfen nach 28 Tagen und wachsen relativ langsam heran, wobei sich die Federkrönchen schon nach 1 Monat zu bilden beginnen. Die volle Schleppe erreichen Junghähne erst im Alter von 3 Jahren, und bis zum 6. Lebensjahr kann die Schleppenlänge noch zunehmen und etwa 160 cm erreichen. Der Pfau ist vermutlich der älteste bekannte Ziervogel, der schon vor 4000 Jahren aus Indien über das Zweistromland zu den Mittelmeervölkern gelangte. In Zoos werden Pfaue meist im Freilauf gehalten und Krähen, Habicht, Marder und Füchse holen sich ihren Tribut, sodass sich die Vermehrungsquote sehr in Grenzen hält.

Tagsüber sind Pfauenküken besonders durch Krähen und Raubvögel gefährdet, weshalb sie möglichst nahe an der Henne bleiben.

Nilkrokodil

Krokobabys müssen sich vor unzähligen Feinden in Acht nehmen, sogar vor den eigenen Verwandten, weshalb der Kopf der Mama ein besonders sicheres und gefragtes Sonnenplätzchen darstellt.

Die Weibchen der Nilkrokodile betreiben eine intensive Brutpflege: In die Eikammer der Nester legen sie die Eier in der Nacht in mehreren Schüben und decken sie dann mit einer ca. 10 cm dicken Schicht aus Erde und Gras ab. Dadurch wird eine gleichmäßige Nesttemperatur von ca. 30 °C erzeugt. Die Mutter wacht angriffslustig in der Nähe des Nestes. Kurz bevor sie nach 11–14 Wochen schlüpfen, beginnen die Jungen schon im Ei zu quäken. Die Mutter muss dann die Jungtiere ausgraben.
Die Krokobabys sind beim Schlupf ca. 26–34 cm lang und haben einen Dottersack von der Größe eines Hühnereies, der ihnen als Nahrungsvorrat über eine längere Zeit reicht. Zuerst erbeuten sie Schnecken, Libellen, Larven, Grillen und Käfer sowie Krabben, Frösche und kleinere Vögel, wobei sie von der Mutter ständig begleitet und überwacht werden. Jungkrokodile haben sehr viele Feinde, da Welse, Weichschildkröten, Fischadler, Marabus, Geier und Uhus auf sie Jagd machen.

Griechische Landschildkröte

Die Griechische Landschildkröte kann man von ihrer maurischen Verwandten an dem doppelten Rückenafterschild und dem hornigen Endnagel am Schwanz gut unterscheiden. Sie kommt im gesamten südlichen Europa vor. Als Lebensraum bevorzugt sie trockenes, sandig-steiniges, mit Sträuchern bewachsenes Gelände, wo sie überwiegend vegetarisch lebt und als Beikost Regenwürmer, Schnecken und Kot aufnimmt. Die Weibchen legen Ende Juni/Anfang Juli bis zu 12 hartschalige Eier, die in Größe und Form an Taubeneier erinnern. Im Herbst – in kälteren Gebieten auch erst im nächsten Frühjahr – schlüpfen die etwa 4 cm langen Jungtiere. Schildkrötenbabys sind wärmebedürftig und nehmen im Zoo eine Rotlichtlampe gerne an. Junge Schildkröten in Privathand leiden häufig an Kalkmangel, sodass es im Sinne einer Rachitis zu Eindellungen des Rückenpanzers kommt. Die prophylaktische Gabe von reichlich Futterkalk ist daher für die Jungschildkröten lebensnotwendig. Werden sie in der Überwinterung zu feucht gehalten, können sich Bakterien unter den aufgeweichten Hornschildern einnisten, diese zersetzen und sogar zu einem Knochenfraß führen, der unbedingt tierärztlich behandelt werden sollte. Bei der Haltung im Garten müssen genügend trockene Schattenplätze vorhanden sein.

Auf warmem, sandigem Boden fühlen sich frisch geschlüpfte Schildkrötenbabys sehr wohl. In dieser Phase sind sie besonders empfindlich gegen Nässe und Kälte.

Grüne Wasseragame

Um einer Wärmequelle wie der Rotlichtlampe im Terrarium möglichst nahe zu kommen, drängeln die Wasserdrachenbabys so nach vorne, dass sie übereinander zu liegen kommen.

Die Gattung der Wasserdrachen oder Wasseragamen lebt in Südostasien und Australien in der Nähe von Flüssen und Bächen. Dort sonnen sich die Tiere gerne auf über dem Wasser hängenden Zweigen, in das sie sich bei Gefahr plumpsen lassen. Mit ihrer hübschen Streifenzeichnung und dem feinen Schuppenkamm, der vom Kopf bis in den Schwanz übergeht, sind sie als Terrarientiere sehr beliebt und lassen sich in Menschenobhut bei guter Pflege relativ leicht nachzüchten. Dabei muss man wissen, dass gerade Jungtiere auf plötzliche Störungen sehr schreckhaft reagieren. Beim Anprallen gegen die Terrarienscheibe entstehen dann schlecht abheilende Verletzungen, die sich leicht infizieren und zu Entzündungen und Verformungen der Kieferknochen führen können. Gefüttert werden sie in Menschenhand vornehmlich mit Grillen und Heuschrecken, aber auch Schaben werden erbeutet. Zum Knochenaufbau reicht man reichlich Futterkalk. Mit der Gabe von Mehlwürmern sollte man wegen des hohen Fettgehaltes dagegen zurückhaltend sein, da sonst die Tiere zu einer Leberverfettung neigen.

Die olivbraune Färbung mit der Streifenzeichnung stellt im Gezweig eine hervorragende Tarnfarbe dar, und in gut dekorierten Aquaterrarien im Zoo muss man oft wie in einem Vexierbild suchen, bis man alle Insassen entdeckt hat. Mit dem seitlich abgeplatteten Ruderschwanz sind sie vorzügliche Schwimmer, die beim Schwimmvorgang die Extremitäten eng an den Körper legen.

Die Weibchen bauen in den Uferböschungen und unter Wurzeln lange Erdröhren, in denen sie 8–10 Eier am Ende des Ganges legen. Die Jungen schlüpfen ungefähr nach 3 Monaten.

Boa constrictor

Diese in Südamerika beheimatete Riesenschlange, die ein Gewicht bis 60 kg und eine Körperlänge von 4,50 m erreichen kann, züchtet in Zoos sehr gut nach. Da sie in die religiösen Kulte der Indios und der Negersklaven Eingang gefunden hat, wird sie auch als Königs- oder Abgottschlange bezeichnet. Die Jungtiere schlüpfen noch im Mutterleib aus ihren Eihüllen, sodass sie lebend auf die Welt kommen (ovovivipar). Man füttert sie bevorzugt mit Babymäusen, später werden auch Ratten angenommen.

Pflegt und behandelt man sie richtig, wird diese Boa sehr zahm und zutraulich und ist als Vorzeigetier für Kinder optimal einzusetzen, da sie äußerst selten zubeißt. So besuchen wir vom Tierpark Hellabrunn aus in München seit vielen Jahren regelmäßig die Schulklassen, um mit der Vogelspinne »Agathe« und der 2½ m langen Boa »Susi« den Kindern die Angst und den Ekel vor den beiden so »abscheulichen« Arten zu nehmen. Damit die Kinder auch Berührungsängste verlieren, reichen wir zudem die Häutung einer Schlange und einer Vogelspinne (Exuvie) herum. Dann herrscht meist großes Erstaunen, dass sich Schlangen trocken und seidenweich anfassen und auch Spinnen ein samtenes Pelzchen besitzen. Die Vorstellung endet mit dem großen Indianerehrenwort, keine Spinne mehr totzuschlagen und nach keiner Schlange mit Steinen zu werfen.

Eine Schlange, die wächst, häutet nicht einzelne Schüppchen, sondern streift die gesamte Haut als sog. Natternhemd ab. Wie alle Schlangen sind Boas taub, nehmen aber mit den Tastkörperchen am Bauch feinste Erschütterungen wahr.

Abgottschlangenbabys sind nach dem Schlupf aus den Eihüllen im Mutterleib von Geburt an selbstständig und nehmen im Zoo besonders gerne Babymäuse als Nahrung zu sich. Sie sind ungiftig und töten ihre Beute wie alle Riesenschlangen durch Erwürgen. Die Wurfgröße kann bis zu 67 Tiere betragen, meist sind es aber 30–35.

Anemonenfisch

Aus dem Indopazifik stammen die wohl bekanntesten Riffbarsche aus der Gattung der Anemonenfische, die wegen ihrer auffallenden Zeichnung auch als »Clownfische« bezeichnet werden. Sie leben in engem körperlichen Kontakt mit ihrer Seerose (auch Seeanemone), die sie füttern, in die sie sich bei Gefahr zurückziehen und an deren Fuß sie ihre Eier ablegen. Die Nesselkapseln der Seerosen sind das komplizierteste Ausscheidungsprodukt im ganzen Tierreich und dienen sowohl zur Abwehr von Feinden als auch zum Beutefang. Man unterscheidet dabei Durchschlagkapseln, die ein Ministilett ausschleudern, sowie Wickelkapseln mit langen Fangfäden oder Haftkapseln mit einem Klebesekret. Oft sitzen sie zu Tausenden besonders auf den Tentakeln von Seerosen und Quallen. Sie werden explosionsartig mit einer Entladungszeit von 3–6 Millisekunden auf einen mechanischen oder chemischen Reiz hin abgefeuert und injizieren dann ihr lähmendes Gift in das Beutetier.
Wie der Trick geht, dass die Anemonenfische nicht den Nesselbatterien auf den Tentakeln dieser Hohltiere zum Opfer fallen, darüber rätselt die Wissenschaft noch heute. Kranke Individuen, deren Schleimschicht defekt ist, werden von ihrer Seerose vertilgt. Die Bewegung des kuschelnden Fischchens löst jedenfalls die Nesselbatterien allein nicht aus, sonst würde jedes gefressen. Offenbar muss also die Chemie zwischen der gesunden Schleimschicht und der Seerose stimmen.

Wie Geschöpfe aus dem Märchenland schweben hier 2 Anemonenfische im Tentakelkranz ihrer Seeanemone. Das Rätsel dieses Symbiosephänomens ist noch nicht gelöst.

Register

Register

Bibliographische Information der Deutschen Bibliothek

Die Deutsche Bibliothek verzeichnet diese Publikation in der Deutschen Nationalbibliographie; detaillierte bibliographische Daten sind im Internet über http://dnb.ddb.de abrufbar.

BLV Buchverlag GmbH & Co. KG
80797 München

Bildnachweis:
Adam 56; Angermayer 6, 13, 14l, 16, 21u, 22, 25, 26, 33, 34, 36, 38, 54, 57u, 64, 68l, 70, 71, 75, 77, 78, 81, 87, 89, 88, 82, 83r, 83l, 85, 86, 94, 92r, 97l, 99, 102, 101, 106, 108l, 108r, 105, 109, 110, 111, 112, 113, 114, 116u, 122, 123; Anup Shah/naturepl.com 51; Arco Digital Images/ DelphoM. 97r; Arco Digital Images/Dirscherl R. 124; Arco Digital Images/Weber S. 69; Arco Digital Images/Wegner P. 67; Bender Rolf/ Okapia 32; blickwinkel/Artwork 115, 116o, 117; blickwinkel/Hecker F. 9; blickwinkel/Huetter C. 12; blickwinkel/Igelmund H.J. 96; blickwinkel/ Kaufung R. 47, 59; blickwinkel/Kuczka H. 98; blickwinkel/Layer W. 24; blickwinkel/Linke R. 52l; blickwinkel/Lohmann M. 10; blickwinkel/Maywald A. 1, 48; blickwinkel/McPHOTO 42; blick-winkel/Meyers S. 27; blickwinkel/Peltomaeki J. 118; blickwinkel/Popow M. 37; blickwinkel/Trapp B. 121; blickwinkel/Walz U. 65, 66; blickwinkel/Weber S. 68r; blickwinkel/Willemeit M. 7; blick-winkel/Wisniewski W. 44; Couper-Johnston Ross/naturepl.com 84; Du Toit Richard/naturepl.com 95; Fink Kenneth W./ardea.com 100; Gettyimages/altrendo nature 62; Gettyimages/Ammann K. 92l; Gettyimages/Anup Shah 60; Gettyimages/Brakefield T. 23u, 63l; Gettyimages/Breiter M. 35; Gettyimages/Eastcott Momatiuk 91, 93; Gettyimages/Foott J. 50; Gettyimages/Gallup S. 39l; Gettyimages/Gritz J. 43; Gettyimages/Hamilton D.W. 39r; Gettyimages/Keren Su 40; Gettyimages/ Lemmens F. 45; Gettyimages/Manoj Shah 52r; Gettyimages/McCormick P. 103; Gettyimages/ panoramic images 46, 53; Gettyimages/Randall G. 74; Gettyimages/Rosing N. 63r, 107; Gettyimages/Shumway G. 57o; Gettyimages/Souders P. 2/3, 73; Gettyimages/Toft R. 49; Gettyimages/van den Berg H. 20; Gettyimages/Veer J.G. 8; Gettyimages/Vestal G. 31; Gettyimages/ Winter S. 55r; Gettyimages/Wisniewski/Foto Natura 61; Gettyimages/Wothe K. 76; Gohier Francois/Okapia 28; Gordon Nick/naturepl.com 55l; Juniors 79; Kjaer David/naturepl.com 120; Reinhard 14r, 19, 18l, 29, 58, 104, 119; Widstrand Staffan/naturepl.com 90; Wiesner 18r; Wothe 11, 15, 17, 21o, 23o, 30, 41, 72, 80

Umschlaggestaltung: Anja Masuch, Fürstenfeldbruck
Umschlagfotos: Vorderseite Angermayer; Rückseite Gettyimages/Hamilton D.W.;
vordere Umschlagklappe Gettyimages/van den Berg H. (oben), Arco Digital Images/Wegner P. (unten), hintere Umschlagklappe Tierpark Hellabrunn
Lektorat: Dr. Friedrich Kögel, Dr. Eva Dempewolf
Layoutkonzept Innenteil: fuchs_design, München
Herstellung, Satz und Layout: Ruth Bost

Gedruckt auf chlorfrei gebleichtem Papier

Printed in Germany
ISBN 978-3-8354-0421-2

Eine kleine Auswahl aus unserem Programm

Der Tier- und Pflanzenführer für unterwegs
Das kompakte Bestimmungsbuch mit 900 Tier- und Pflanzenarten und 1350 Farbfotos – ideal für unterwegs; mit bis zu 5 Fotos pro Art und Sonderteilen, die das Bestimmen zusätzlich erleichtern.
ISBN 978-3-8354-0019-1

Der BLV Naturführer für unterwegs
Der ideale Begleiter bei jedem Spaziergang: Pflanzen und Tiere der heimischen Lebensräume Wälder, Wiesen und Felder, Feuchtgebiete, Küste und Alpen; mit Sonderteilen: Früchte der Bäume und Sträucher, Raupen, Vogeleier, Tierspuren.
ISBN 978-3-8354-0347-5

Henning Wiesner
Tierkinder im Zoo
Der Bildband fürs Herz: großformatige Fotos der bezaubernden Tierkinder, die im Zoo zu bestaunen sind – Porträts der 60 wichtigsten Arten mit Infos zu Leben und Entwicklung.
ISBN 978-3-8354-0421-2

Olaf Schulz
Natur-Heiligtümer in Deutschland
Zauber, Mythos und Geschichte zum Nacherleben: die 60 interessantesten Natur-Heiligtümer – von heiligen Bergen, Felsen, Quellen und Bäumen bis zu Kult-, Opfer- und Gedenkstätten; mit Reisetipps für Besucher.
ISBN 978-3-8354-0375-8

Thomas Schauer/Claus Caspari
Der BLV Pflanzenführer für unterwegs
Das vollständigste populäre Pflanzen-Bestimmungsbuch nach Blütenfarben; über 1150 Blütenpflanzen Mitteleuropas (auch Gräser, Bäume und Sträucher) mit 1600 präzisen, detailgenauen Farbzeichnungen und allen wichtigen Fakten.
ISBN 978-3-8354-0354-3

Chris Mattison
Enzyklopädie der Schlangen
Das einzige umfassende populäre Schlangenbuch: alle Gattungen in über 300 atemberaubenden Fotos mit allen Fakten und Infos rund um die Biologie der Schlangen.
ISBN 978-3-8354-0360-4

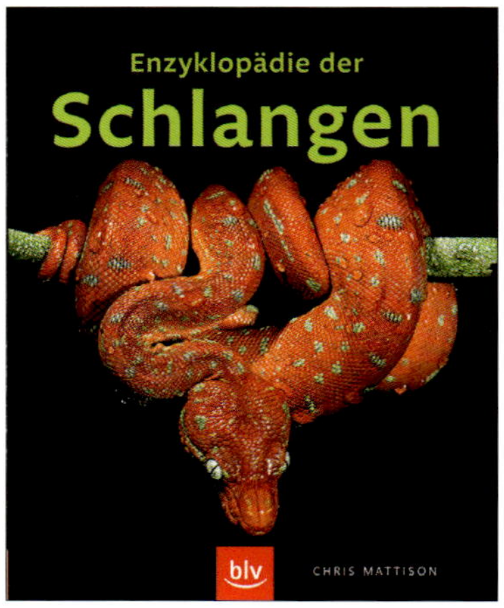

Einhard Bezzel
Vogelfedern
Einzigartiges Bestimmungsbuch: Aussehen, Funktion und häufige Fundstellen von Vogelfedern; brillante Feder-Fotos auf Tableaus, geordnet nach Ähnlichkeit; im Porträt: die 60 wichtigsten Vogelarten, deren Federn gezeigt werden.
ISBN 978-3-8354-0456-4

Günter D. Roth
Unser Wetter
Die umfassende Wetterkunde mit den neuesten Daten und Fakten: wie Wetter entsteht – umfassend und verständlich erklärt; Anleitung zur eigenen Wettervorhersage; mit dem aktuellen Stand der Klimaforschung.
ISBN 978-3-8354-0318-5

BLV Bücher bieten mehr:

- mehr Wissen
- mehr Erfahrung
- mehr Innovation
- mehr Praxisnutzen
- mehr Qualität

Denn 60 Jahre Ratgeberkompetenz sind nicht zu schlagen!

Unser Buchprogramm umfasst über 750 Titel zu den Themen

Garten · Natur · Heimtiere · Jagd · Angeln · Sport · Golf · Reiten · Alpinismus · Fitness · Gesundheit · Kochen.

Ausführliche Informationen erhalten Sie unter **www.blv.de**

Dass Sie sich gut beraten fühlen – das ist unser Ziel. Falls Sie Fragen und/oder Anregungen haben, schreiben Sie uns bitte:

BLV Buchverlag GmbH & Co. KG
Lektorat · Lothstraße 19
80797 München
Postfach 40 02 20
80702 München
Telefon 089/12 02 12-0 · Fax -121
E-mail: blv.verlag@blv.de

blv
MEHR ERLESEN!